周蓓 主編

『民國專題史』叢書

鄒敬芳 著

河南人民出版社

西洋經濟思想史

本書系西方經濟思想通史類著作。主要介紹各個歷史時期西方經濟學派的人物、著作以及各個學派的經濟思想

圖書在版編目（CIP）數據

西洋經濟思想史 / 鄒敬芳著. —鄭州：河南人民出版社，2016. 10
（民國專題史叢書 / 周蓓主編）
ISBN 978-7-215-10493-8

Ⅰ. ①西… Ⅱ. ①鄒… Ⅲ. ①經濟思想史－西方國家 Ⅳ. ①F091

中國版本圖書館 CIP 數據核字(2016)第 254468 號

河南人民出版社出版發行
（地址：鄭州市經五路 66 號　郵政編碼：450002　電話：65788063）
新華書店經銷　　河南新華印刷集團有限公司印刷
開本 710 毫米×1000 毫米　1/16　印張 20
字數 166 千字
2016 年 10 月第 1 版　　2017 年 1 月第 1 次印刷

定價：130.00 圓

出版前言

中國現代學術體系是在晚清西學東漸的大潮中逐步形成的。至民國初建，中央政治權威進一步分散和削弱，加之新文化運動帶給國人思想上的空前解放，新學的啓蒙，新知識分子的産生，民國學術如草長鶯飛，進入一個自由而蓬勃的時代。中國傳統學科乃中國學術之根基與菁華所在，民國學人采用『取今復古，别立新宗』之方法，引入西方的學術觀念，積極改造，使史學、文學等學科向現代學術方向轉型。此外，大力推介西方社會科學的新學科和自然科學，在學習、借鑒乃至移植西方現代學術話語和研究範式的過程中，逐漸建立中國現代學科，使中國的學科門類迅速擴展。一時間，新舊更迭，中西交流，百花齊放，萬壑争流，開創了中國現代學術的源頭。

伴隨知識轉型和研究範式轉換而來的，還有學術著作撰寫方式的創新。中國古代的著作向來以單篇流傳，經後人整理匯編後，方以成册成集的面目出現并持續傳播。直到十九世紀末，東西方的歷史編撰體裁不外乎多卷本的編年體、紀傳體和紀事本末體等，章節體的出現標志着近代西方學術規範的産生和新史學的興起。章節體具有依時間順序，按章節編排；因事立題，分篇綜論；既分門别類，又綜合通貫的特點。以章、節搭建起論述之框架，結構分明，邏輯清晰，較傳統的撰寫體裁容量大、系統性强。它的傳入，使中國現代學術體系從内容到形式被納入了全球化的軌道。民國時期專題史的研究、譯介、編纂、出版恰恰是在這樣的背景下欣欣而發，是學術的實驗場，也是歷史的記録儀。編選『民國專題史』叢書的初衷正是爲了從一個側面展示中國學術從傳統向現代過渡的歷史進程。

專題史是對一個學科歷史的總結，是學科入門的必備和學科研究的基礎，也是對一個時代艱深新鋭問題的解答，是學術研究的高點。民國專題史著作中，既包含通論某一學科全部或一時代（區域、國别）的變化過程的，又囊括對一時代或一問題作特殊研究的，還有少部分是對某一專題的史料進行收集的。原創與翻譯并重，翻譯的底本大多選擇該學科的代表著作或歐美大學普及教本，兼顧權威性和流行性，其中日本學者的論著占據了相當比重。日本與中國同屬東亞儒家文化圈，他們在接納西方學術思想和研究模式時，已作了某種消化與調適，從思維轉換的角度看，更便于中國借鑒和利用，他們的著作因而被時人廣泛引進。

與當代學術研究日趨專業化、專門化、專家化的『窄化』道路迥乎不同的是，中國傳統學術崇尚『學問主通不主專，貴通人不尚專家』的通識型治學門徑，處于過渡轉型期的民國學術在不同程度上保留了這種特徵。民國學術大師諸學科貫通一脉、上千年縱橫捭闔之功力自不待冗言，外交家著倫理政治史、文學家著哲學史、化學家著戰争史等亦不乏其人，民國專題史研究呈現出開放、融通、跨界撰述的特點。與此同時必須看到，自晚清以來，中國的命運就在外侮屢犯、内亂頻仍的窘境中跌宕彷徨，民族存亡仿若命懸一綫。這股以創建學科、總結經驗、解决問題爲指歸的專題史出版風潮背後，包裹着民國學人企望以西學爲工具拯民族于衰微的探索精神，及以學術救亡的愛國之心。梁任公曾言：『史學者，學問之最博大而最切要者也，國民之明鏡也，愛國心之源泉也。』這種位卑未敢忘憂國的歷史使命感和國民意識是今人無法漠視和遺忘的。

『民國專題史』叢書收録的範圍包括現代各個學科，不僅限于人文社會科學，學科分類以《民國總書目》的分科爲標準，計有哲學、宗教、社會、政治、法律、軍事、經濟、文化、藝術、教育、語言文字、中國文學、外國文學、中國歷史、西方史、自然科學、醫學、工業、交通共19個學科門類。本叢書分輯整理出版，内不分科，單本發行，方便讀者按需索驥。既可作爲大專院校圖書館、學術研究機構館藏之必備資源，也可滿足個人研讀或興趣之收藏。

與目前市場已有的一些專題史叢書相比，『民國專題史』叢書具有規模大、學科全、選本精、原版影印的特點。本叢書選目首重作者的首創、權威和著作影響力，尤其注重選本的稀見性。所謂稀見，即建國後没有再版，且多數圖書館没有收藏，或即便有收藏，也是歸于非公開的珍本之列予以保存，普通讀者難以借閲。部分圖書雖有電子版，但作爲學術研究的經典原著讀本，紙質版本更利于記憶和研究之用。本叢書精揀版本最早、品相最佳的原版圖書作爲底本，因而還具有很高的版本收藏價值。

『民國專題史』的著作是民國學者對于那個時代諸問題之探究，往往有獨到之處，無論其資料、觀點短長得失如何，要之在中國現代學術史的構建與發展進程中，自有其開宗立論之地位。

讀者注意

一、本書是取教科書形式，力避煩瑣，惟第四章以後，比較重要，所以分量比前稍微多些，有前後不稱的毛病，也是因爲經濟思想，古略而今詳的緣故，不忍過事删削，讀者當能原諒的。

一、本書取材以曾在經濟思想界有重大貢獻者爲主，至於人云亦云的人物，則一概不錄。

一、本書第一章取材於田崎仁義的「支那古代經濟思想的研究」一文，第二三四章取材於恩格蘭的「經濟學史」及小川市太郎的「新稿經濟學史」，五章以下完全獨抒己見，全部自知錯誤和武斷的地方很多，還望讀者指教，以便再版時得以修訂。

一、本書體裁完全仿照恩格蘭的「經濟學史」，至社會主義一節的體裁，除仿照室伏高信的「社會主義批判」以外，另參己見，當否還求讀者指教。

一、本書費時一年編成，本應再事刪訂，爲事實上所不許，只得草草付印，文字欠妥的地方很多，以後如有再版的機會，當一一加以修改。

作者序

我自辭去廣東大學教授以後，又復捲入政治漩渦，風塵鞅掌，將近兩年，去年纔得息影海上，利用餘暇時間，編西洋經濟思想史一書。

本來這種書籍非常重要，不是讀破萬卷書者莫辦，決非學殖荒落的我所能勝任的。不過我覺得現在的世界經濟，已到了一個新的時期，應該有一種新的經濟思想起來適應這種新環境，去指導一般人們的進行纔是，中國人至少也是担負這種使命的一個。雖然中國過去的經濟思想，在歷史上是陳陳相因，沒有甚麼標新領異的地方，以後總有一鳴驚人之一日的。所以我不揣冒昧，把這冊半生不熟的著作印出來，供國人的參考，以爲他山攻玉的一助。至於文字和體裁不大妥當的地方很多，而且掛一漏萬的地方，也還不少，深望讀者不吝指教！是爲序。

中華民國十八年七月廿四日序於上海寓廬

西洋經濟思想史目次

目次

目次

西洋經濟思想史

鄒敬芳編

第一章 導言

經濟思想史的意義

人類自在世界上發祥以來，而家族，而部落，而邦國，有形無形之間，爲營共同生活的緣故去行有機的結合統制，經過許多的變遷和無限的發展，方纔實現今日的社會於我們的眼簾。同時人類在將來，當然還是生生發展不息的，這個就叫做人類社會的「生生不息」。人類社會的「生生」不息的事體。從極蒙昧的原始的社會生活起到表現今日這樣燦爛文化的國家生活乃至超國家生活止，其所經歷的過程，就叫做社會進化。在這個中間人類所發揮的有形無形底成績，就叫做「文化」。探討和論列文化來歷底科學，就是歷史，在歷史中間特地把思想方面當做主要對象去研究的，就叫做思想史；再在這個中間特地研究關於經濟思想的，就是經濟思想史。

西洋經濟思想史

第一章　導言

經濟思想史是關於經濟現象之人的思想之說明底科學和經濟學史稍有不同。經濟學史重在論學；論有系統的分類知識，以各時期內經濟觀念的分析結合及組織爲限，可以說是經濟思想系統史、但是

經濟思想史與經濟學史的區別

經濟學成爲科學，是近代的事，在此以前，經濟思想，雖無系統。已具觀念，像巴比侖人的利息和典質的觀念，菲尼西亞人的商業和匯票的思想，希臘人的分工論著等等，都是於後來的經濟學說進化上，很有關係的，經濟思想史，就一定要從古時經濟思想發生敍述起，所以經濟思想史可以說是討究經濟學說的起原及其發達的沿革之學科。經濟思想史的範圍，也不僅只限於經濟學說之年代的紀述而已，即經濟思想發生之事由，發達之次序，學說之價値，及其相互之關係等等，都是經濟思想史所當考究的主要問題。不僅此也；宗教上的信仰，道德上的觀念，政治上法律上的理論，雖然在經濟上沒有直接關係、但是於經濟思想的興起結構，是有關聯，也有附帶論列之必要。簡單說：本書的目的，是在考察社會的狀況，思想，制度，和經濟學說的起原及進步的關係，同時加以批評的沿革的說明。

經濟思想史與經濟史的區別

經濟思想史，是和敍述人類經濟狀況的沿革之經濟史有差別的；經濟史的目的，在乎人類社會經濟的事實之考究，經濟思想史的目的，在乎闡明關係於其事實之系統的思想之進路。就是某時代的人民，在某種經濟狀況之下生活，此等經濟狀況，由如何遞嬗而來，研討這樣的問題，是經濟史的本領。某樣的經濟思想，由怎樣演進而來？又怎樣產生其他的經濟學說？其學說理論怎樣？其學說的感化力怎樣？考察這樣的問題，是經濟思想史的識分。兩者界限逈然不同，不容含混的。

經濟思想史與經濟史的關係

經濟思想史和經濟史的差異，已在前面說過了，但是兩者的性質，雖然不同，也還是有密接不可分離之關係的。大凡人之思想出發點，時常囿於社會環境而爲其所支配；因此環境不同，而思想的出發點，也隨着不同，以故某一時代經濟思想的發生，必其時代的經濟狀況，造成社會環境，有以致之，換一句話說：就是經濟事實，一經變更，新的學說，乃附之以生，譬如希臘時代的哲學者，把殖產工業者看作賤業，非常輕視，此乃奴隸制度的結果，中世的學者以利息為不正當；非人道，而極端排斥他，此乃為中世宗教思想所支配，所以從學者的理論中間，離開偶然的特徵，而仔細考察他的內容，都不過是現存制度之理論的陳述而已。有一部分的學者，確信自己的學說，完全是獨立的創見，毫不受四圍的影響，這不能不說他受社會的包圍已久，完全忘掉了時代產兒。學者的意見，為社會環境所支配，既然是這樣厲害，同時他方面，學者的意見，予其時代及後世的制度以最顯著的感化；而做改革社會立法行政的動機，也還不少，譬如法國的重農學派的學說，能夠使法國共和政府初年間的財政政策變更，亞丹斯密的富國論，能夠予歐洲各國經濟政策改革的重大刺擊，馬爾薩斯的人口論能夠促進一八三四年英國貧民法的刷新，馬克斯的資本論，能夠予俄德各國政制改革上以重大的影響，這都是很顯著的事情。

研究經濟思

探討學說的起源和沿革，是研究社會科學所必要不可缺的事幹。人的思想，決非偶然的，有許多在遠的過去，就已經發其端緒，不過隨

想史的必要

時代而變一個形式體質以流傳於後世罷了。所以於經濟學說，要是想求一正確的知識，那就不單祇知道其說的趣旨和內容算了，就是他的起源和沿革，也一定要同時討究。今日的社會科學，在希臘的古代，既已有了萌芽，後來隨着時世進展發達而集其大成，這是人所公認的。經濟學也是社會科學之一，要從事研究，實有探求希臘時代，關於經濟思想源流之必要，這是不待說的。過去歷史上，有許多連續輩出的經濟思想，在今日看起來，或不免要當作塵羹土飯，無一顧之價值。但是此等，都是在某一時代特殊的社會環境之下所發生的思想，都是有一種有關係的正理存於其間，決不能够一概抹殺的。加以要知道經濟思想的發達沿革，就必要明白經濟學在學問上的地位，這是一樁狠要緊的事。從這點說起來，經濟思想史在經濟學的研究方面，可以說是負有狠重要之任務，因為經濟學本來和倫理學，法律學，哲學，社會學等。社會科學，同是從一個淵源分化發達而來的，而關於經濟學的性質範圍，直到於今，還是議論紛紜，所以關於經濟學的地位，要是想求得一個正確的觀念，那就不能不追溯往古，把經濟思想的發達，用歷史的研究方法，去考察一番。而且從經濟學的現狀看起來，正統學派底演繹的研究方法，將要廢掉，歷史派之歸納的方法，將要代之而起，但是歷史派在學問上還沒占有十分獨立鞏固地步，經濟學現今還在過渡不定的狀況，所以此時於歷史上探求學者思想家的經濟思潮，和其時代的關係，是在使學者確立經濟學的研究方法的事幹方面，極爲必要的，同時又可以說是使其知識淵博確實，判斷公平，決不會偏袒那一方面的。

經濟思想史的分期

編輯經濟思想史，也有多少的方法，有的分做二期：「1」經濟學未成立以前的經濟思想，「2」已成爲科學以後的經濟思想。有的分做四期：「1」斷片時代，「2」特定論文及實驗的方式時代，「3」學向的方式時代，「4」批評時代。此種分類，或者是便於說明些，但是我還是做普通歷史的例子，把經濟思想史，分做時代，中世，近代，最近代四大期。最近代以前的思想，略爲論列，語焉不詳，到最近代農學派以後，纔祗追索思想的系統，就其重要的地方，比較的詳細敘述。

本章參攷書如下：

田崎仁義：支那古代經濟思想史之研究（支那月刊昭和三年八月號）
道家齊一郎：新經濟第三章
小川市太郎：新稿經濟學史序論
Lewis H. Haney: History of Economic Thought 第一章
John K. Jngram: History of Economics 第一章
Oncken: Geschichte der National Okonomie 第一章

第二章古代

第一節希臘

希臘人在距今二千五百年以前的時候，文學，美術，哲學，科學等部分，雖然已在歷史上放一無比的異彩，但是關於經濟思想，還是不免頗爲幼稚，而且很褊狹的，這也是當時的經濟生活的狀況，「有以使之然也」的緣故。

希臘經濟思想不發達的原因

爲甚麼；因爲：「1」那時一方自然科學器械技術等的發達，還不充分，不能使他把自然力利用到生業工業，他方地理知識，又非常缺乏，沒有機會使外國貿易發達，「2」古代的國家，不是和近代國家一樣，以保護生產貿易做實際之目的，是把戰爭看做國家的最大目的，做公民的，戰時則執干戈以馳驅疆場，平時則祇研究文學，美術，哲學，關於農業製造等等職業，都是任憑戰敗國的俘虜和奴隸去做，而且非常鄙視的。所以一般學者，把全副心血，埋頭研究形而上學，對于經濟現象的態度，頗爲冷淡，他們對於這門科學的觀察，也非常隔膜。加以當時常常戰爭，使人民的生命財產，都感不安，資本的蓄積，信用的發達，都被其阻害不少。所以經濟思想，在希臘不能够見有甚麼充分的進步，只有亞里斯多德，柏拉圖，塞諾芬諸位哲人，間或在其浩蕩無涯的哲學論中間，把經濟上的問題，略微論及而已，「3」加以希臘是要使個人完全隸屬於國家的，因為要把個人的利害，使之和國家的利害調和的緣故，國家對於個人社會生活；以及經濟生活各方面，就不能不試行大加干涉，諸事都以束縛為要着，所以產業不能發達。而且因為紀錄缺乏；和統計不完全的緣故，所以在希臘始終不見有有系統的經濟思想發生，不過是在當時哲學家的書中，略放一線曙光而已。

柏拉圖 (Plato. B. C 429.-347.)

柏拉圖的經濟學說

柏拉圖的哲學論，雖然是狠高深，淺學如我，不能够窺其涯涘，但是就其著作中間，關於經濟議論，可以認做他的根本學說的，我們可以把他分解做左列的五端卽：

1極端的國家主義，
2分工論，
3共產主義，
4國家自給主義，
5禁欲主義。

極端的國家主義

柏拉圖也是和當時的希臘哲學家一樣，是想把國家的利害和個人的利害調和，以圖國家的進步和發達。他以爲：國家是一定要伸張權力去干涉個人行爲的，個人的財產敎育，固然是要由國家監督，就是乃至如夫婦父子的關係，飲食，睡眠，坐起，進退等小事，都一定要站在國家的監督下面。他在他所著的「共和國」（Republic）書上，有一段說明執政官的職務權限，他說：「執政官是一定要有自由獨裁的權能，去處理國家事務，不能够加以限制，他的生活，是和大衆一樣，在公共的食桌上飲食，在公共的天幕內睡眠，祇能以絕對的最小限度之必需品，維持生活，去研究哲學，維持國家於適當的地位，而且指導國家的最好方向」。據他這樣說來，是表白國家萬能主義，最爲明顯的。

柏拉圖因爲倡導國家萬能主義的結果，於是把人民的階級，分做四等：「1」賤民，「2」農民，「3」軍人，「4」執政官，這四等階級，要共同一致去担當國家事務，纔能够享有國家最大的幸福。社會的各個人，在這四階級中，任憑自己最適宜的選擇一種，以發揮特殊技能，同時又和屬於其他階級的人，共同戮力，以圖國家之進步。據他說來，可見分工合作的大方案，在二千五百年以前的古代，就已經發其端緒，這是在經濟思想史上，頗堪注意的。但是柏拉圖所主張的分工合作方案，不是單關於生產事業，是從人類活動一切方面而立論的，與其品評他的是純正的經濟觀念，毋寧認爲他的是哲學觀念，還適當些。他的分工合作論的旨趣，尤其是和後世的經濟學者亞丹斯密（Adam Smith）完全不同。一個是說明想求個人技能的差異，實有勞動分工的必要，一個是在本來有同一技能的各個人中間，去說明分工的法則。

分工論

共產主義

柏拉圖固然是以國家萬能爲理想的，同時又提倡極端的共產主義，而作後世「烏託邦」之倆。他在他所著的「共和國」書上有一段說：「家族生活以及私有財產，是社會紛擾的原因。要想維持社會的和睦，社會的各個人，就不能不把第三者以及沒有關係的人之利害休戚，看作同故舊同胞一樣。社會的各個人，對於社會上同一的事幹，應該要共相歡喜，共相悲嘆，切不可說出「我的」，「你的」等，同義的話來。私有財產制度，是破壞這個和睦；擾亂這種思想的，所以不能容認他存在。而且家族關係的存續，也是有害於國家之綿延的，所以嬰兒不可以知道父母，同時父母也不可知道嬰兒」。

國家自給主義

柏拉圖主張：「理想的國家，是要在比較狹隘的領土以內，行自給主義，纔祗能夠實現的。和外國人接觸，是足以破壞國內的組織，墮落國民的品性，所以要和外國人斷絕交通，在隔離海岸很遠的理想都市上去實施政治，用自足自給的方法。由禁止早婚和棄兒，以限制國內的人口」。但是柏拉圖關於人口限制的意見，是和後世馬爾薩斯（Malthus）因爲食料的關係，去限制人口的主張有點不同，柏氏的人口論，可以說是完全從政治上之見地而立論的。

禁欲主義

柏拉圖的理想，是以爲善人當祇要最少的財產去從事於高尚的哲學之研究的，某人所有財富，要是比人的多，是應該責難的。所以他主張國內的商業，當禁止使用貴金屬，爲貪圖得利息而借貸金錢予人的，應當大加攻擊。就是還本，也要憑借主自己的意思。他又把財帛創設神的財貨和人的財貨的區別，認明以享有的目的而得以使用之財貨私自營利的目的而被其使用之財貨等等的差異。但是他這種區別法，不但曖昧不明而且就是學問上的分類，也可以說是沒有甚麼價值。至柏拉圖比較看重農業，承認有奴隸制度之必要等等，是和當時的希臘各哲學家，沒有甚麼不同的地方。

塞諾芬（Xenophone, B. C. 445—354）

塞氏的經

希臘的歷史家塞諾芬，也曾發表過關於經濟的意見。塞諾芬的思想，不像柏拉圖那樣的高深，是頗爲着實的。他所做的一篇論文——題名「經濟」

濟思想

，是可以認為分晰當時社會最精細而且趣味很多的紀錄。他那一種「慈祥愷悌」的思想，也流露於字裏行間，是可以在他這篇論文上看得出的。他所論列的固然是不出家庭經濟的範圍，然其思想之健實，眼光之遠大，實比柏拉圖要高一着。他承認為有奴隸制度之必要，比較的重視農業，固然是和柏拉圖的見解相同。但是他同時又主張工業商業的必要，有許多問題，是討論關於當時商業工業之狀況及其發達的。至於他主張國家對於商工業有保護的必要一點，在那時就有這種主張，不能不說是他的卓見。他關於貨幣觀念，雖然不免曖昧些，但是他却說交換財物，把財物輸出於外國，是可以使國家富庶，決不致使國家貧瘠的。他又說要使外國貿易繁盛，必要的事幹，就是在和平，優待外國商人，以及對於商人的訴訟判決，格外公平。

亞里斯多德（Aristle, B. C. 384—326）

亞氏對於經濟思想上的貢獻

學術及學術的研究方法的始祖，令千秋百世以後之後學，望塵莫及的亞里斯多德，憑他的大智識，把社會現象的機微，盡量闡明，貢獻於經濟學上的，實在不少。亞里斯多德的經濟學說，也是和柏拉圖的學說一樣，同是不能成為獨立的科學，而為有組織的論述。不過其零碎斷片的意見，散見於他那深微玄妙的哲學論，政治學中間，我們要把他綜合攏來，加以解說，固然不是一樁容易的事幹。但是祇要把他的經濟學說拿來和柏拉圖的經濟學說，互相對照，以說明其異同，就可以窺見他的議論底梗概了。

經濟學說的基本觀念

亞里斯多德所處的時代，是和柏拉圖不同。他那時候已經漸漸離開希臘市府全盛時代，正是在瑪基頓的大帝國建設時代。他雖然處在這時代，他在他的大著「政治學」上面還是同柏拉圖一樣，以都市國家為人類生活之目的，以國家自給為其理想，這不能不說是狠奇怪的。亞里斯多德排斥個人主義，雖然不學柏拉圖那樣趨於極端，但是他還是主張要想予個人以及家族以適當的生活，那就先當以國家的存在為必要。他說道：「人是政治的動物，所以人只有憑國家纔能達到其生存的目的，纔能夠經營完全的生活」。他又說：「不能和同胞互相結合而生活的，或是不想從事生活的，非神就是獸類。在人類社會現象中間，是決不容許這樣事幹有存在之餘地的」。亞里斯多德從倫理的道德的見地來觀察經濟上的問題一點，是和柏拉圖相同。他這樣態度，是和十九世紀的多數經濟學者，把論理置諸度外，來從事經濟之說明的，完全不同。像拉斯金氏（Roskin）純從道德的立脚點來討究經濟，在十九世紀中間，可以說是例外的。

對於共產主義的非難

亞里斯多德的經濟學說，在根本觀念方面，雖然有和柏拉圖相符合的地方。但是有時或者竟標新立異，而把柏拉圖以及其他前人的學說，加以改善，以發揮其眞正價值的地方，也還不少。柏拉圖的共產主義論，是亞里斯多德所極力反對的，尤其是對於財產共有說，攻擊最力。他對於柏拉圖所說：「父母不可知道自己的兒女，就是所以使他們對於一國以內的小兒女，發生同樣熱烈愛情的根由」。幾句話，加以駁擊道：「是自己的東西底觀念。就是愛情的本源。所以要是到了使人不知道小兒女是誰的時候，不但是不能够喚起做父母的對於全體小兒女的愛情之根由，却是可以使之不愛全體小兒女」。他又列舉共產主義，難以行諸實際的理由如下：「1」勞動對於勞動的報酬，很難得到平衡。「2」在共產制度，尤其是土地共有的時候；喪失因爲財產私用而得以享有的一切快樂。「3」在共產制度下面失却使人類施惠於人底道義發達的機會。「4」共產制度把經驗看輕不管等等。最後他又辯明柏拉圖把共產制度看做是謀社會調和的手段底謬妄，他說：「人類的能力，因其有智愚强弱的差別，然後社會纔能够調和，是和聲響有高低長短緩急的差異，然後音樂纔能調和一樣。共產主義不是想調和社會，却是使社會單調。在音樂方面，單調尚且厭棄，社會的單調，自然是一定要避免才行」。他對於柏拉圖的共產說，加以痛快的駁擊，是絲毫不客氣的。關於富，貨幣，價值，人口的見解，亞里斯多德是集柏拉圖以及其他前人關於富，奴隸的理倫之大成，而出一個新機軸。至就社會的改政治制度和經濟狀況的關係，殖民，專賣等問題，自成一家言的地方，也還不少。

亞氏關於富貨幣

亞里斯多德把富的所得方法，分做兩個：「1」獲得狩獵，漁業，

價值人口的見解

牧畜，農業等天然的產物以供給生活資料的，就是第一次的自然方法，叫做經濟（Oikonomics）。「2」用貨幣的媒介和物品的交換而獲得的，就是第二次的人爲方法，叫做家政（Chrematistik）。他一方面，對於這人爲的富之取得方法，超過一定的程度，使慾念旺盛的，以爲是無用而且引人腐敗的事幹，大大的加以非難。同時他方面又承認極度底人爲的富之取得方法，是富之自然的取得的延長。在人類交通頻繁的時候，是必定要取的滿足慾望底必要手段。亞里斯多德這種見解，固然是從道德上的見地而來，但是把他的見解，和後世的重農學派祇把農業就當做是生產的，其他的產業，都是不能够增加社會富力的見解、比較起來，就不能不說他的確高人一着。亞里斯多德又引希臘。神話中「彌達史」（King Midas）的例子來辨明富和貨幣的區別，力說貨幣固然是爲做交換媒介而被人使用的，但是他本身是不可不有獨立的價值。他又主張貨幣是不產生甚麼東西的，唯其這樣，所以貸借貨幣而取利息的，是不正當。又說人口過多，足以妨礙國家的安寧秩序，過少則又足以危害一國的獨立，兩者都有不是處。

奴隸論

亞里斯多德是和當時的希臘人一樣，同是承認奴隸制度之必要的。但他祖述這種理論，頗極精細。他以爲奴隸服從權力，是極普遍的事幹。社會上有治者被治者的階級存在，是自然的分業之結果，奴隸絕對服從主人，不但是優者「主人」的幸福，就是對於劣者，也是有幸福的。他完全把奴隸看做是完全沒有獨立的意思，自有生以來，就是替人做工具的。像亞里斯多德辯護奴隸制度，從現今看起來，固然是有使人苦於了解的地方，但是當時的奴隸把他和在十九世紀前半期美國還存在的奴隸比較起來，其地位待遇，是完全不同的。因爲當時希臘的公民，祇埋頭於教育，政治，戰爭等等事幹，其他的事幹，是一概不顧的。奴隸是因爲供給他們的食物生活的器具底原故，於是把他當作不可缺少的必要物品，這是毫無疑義的。不知道當時時勢的人，而對於亞里斯多德擁護奴隸議論，加以非難，那就未免膠柱鼓瑟了。

第二節　羅馬

概況

羅馬人固然是狠具有實務的實利的才能，但是在經濟方面，却是狠少方量的。他們的歷史使命，完全在軍事政治，所以國民的精力，專注重在國內以及戰場方面的公共事務，僅對於農業一項，他們素來還十分注意，因此還能够維持他這勇健生活，而建設世界的帝國。羅馬的農業，起首是由普通農民去經營。還不過是一種小規模的農法，後來因爲戰勝的結果，於是把農業委諸從外國攜帶來的奴隸手裏去經營，小規模的農法，也變爲叫做 Sati fundia 的大規模農法了，歷史家蒲介尼（Pliny）就把這事認爲羅馬衰亡的原因。羅馬人却又蔑視商工業，把這件事看做無價值的職業，自由市民所不屑做的，這種偏見，不但爲普通沒有知識的人民所確信，就是謝雪廬(Cicero)這樣大名鼎鼎的學者，也還不能够脫却這種時代思潮。所以羅馬人關於經濟方面的思想，頗爲幼稚，仍然不過是踏襲希臘人的譾陋見解而已。但是若要想勉强把羅馬人的經濟思想，加以分晰說明，那就可以分做左列的三個：

1 哲學家的見解，

2 農學家的見解，

3 法學家的見解。

就謝雪盧（Cicero, B. C.106—43）蒲令尼（Pliny, 23—76）孫里嘉（Senaca, B. C.3—65）等學者的作品來觀察他們的經濟思想，他們大概都是以爲：羅馬當時產業的衰頹，道德的墮落，利己心的增長，是由於戰勝國民從外國輸入進來的不正當行爲爲起因，想要防遏此等的腐敗墮落，祇有提倡復興農業。他們重視田園生活和農業，失之太過，是和後世盧梭等一樣的。至蒲令尼則認輸入黃金做交易的媒介，是一樁極可悲慘的弊端，又復倡言物物交換時代，要比貨幣經濟時代好的多，是眞堪羨慕的，但是他方面他却又以爲國家把貨幣流出外國，是認爲極端不可，應該要設法防止，這種議論，眞正不可不說是矛盾之厲害。

哲學家的見解

農學家的見解

喀德（Cato）瓦羅（Varo）柯倫米拉（Columella）等農學家的論列農業，與其說他是從產業成功之一般事幹以及社會上的利害一點立論；毋寧說他們是從技術一點而立論的。喀德和柯倫米拉主張自由農的功果，要比奴隸大些。至柯倫米拉則又倡導羅馬在農業上使用奴隸，就是農業衰頹的原因。但是想由農業的改良和復興起來鼓舞頹唐的羅馬人之士氣：建立强國的基礎，他們這幾位農學家，都是一致主張的。他們這種態度，是和後世崛起于法國的學派，完全相同的。還有關於小規模的農業和大規模的農業之得失，他們也討論的很多，就中以柯倫米拉的小規模說為有力。

法學家的見解

在羅馬法律家的著作中間，也可以窺見他們關於經濟的意見不少。但是法學者關於經濟的意見，與其說是法學者本人關於經濟的思想，毋寧認為是把當時經濟上的問題于法律有關係的加以說明，較為允當。譬如羅馬法律家關於利息的紀錄，他們就祇說關於利息法律，是由怎樣變化來的而已，羅馬法律家到底對於利息的意見怎樣，還是不大明瞭。不過羅馬法律家關於貨幣的價值，是主張要由當時的經濟狀況來定；不當由法律的力量來決。這是充分理解了的。總而言之，希臘人羅馬人在經濟學上所開拓的部面，實在是狹隘而且不免是疎粗而笨拙的。古代的學者討論經濟上的問題，不是由純粹的經濟學的意見地立論，却是從政治的方面著眼的，我們試考徵亞里斯多德柏拉圖關於人口論以及分工的原則底理論，就可以明白了。德國的學者普通都有受誇希臘人羅馬人關於經濟知識貢獻很大的傾向，其實他們所闡明的，不過是單關於一般底經濟原理的一線曙光和微微萌芽而已。經濟學的發達，完全是屬於近世。但是希臘人羅馬人促進經濟思想的進步和開發底功勞是不能磨滅和否認，這固然是不待我說的。

本章參攷書如下：

道家齊一郎　新經濟學第三章

小川市太郎　新稿經濟學史第一章

高橋誠一郎　經濟學史研究第二章

Lewis H. Haney: History of Economic Thonght. 第三四五章

John K. Ingram: History of Economics. 第二章

Pollock: History of the Science of Politits. 第1章

第三章　中世

第一節　概論

中世史分期的問題

自紀元四百七十六年羅馬帝國之衰亡起，到紀元一千五百年的時候止，凡一千有餘年，歷史家普通稱他做中古時代；或稱做中世，在古代希臘羅馬的文明，和現今歐洲文明之間，是形成一大溝渠的。尤其是中世的末紀，到底是在那一世紀，學者的意見，各不相同，像恩格爾（John Ingram）是做孔德（Comte）的例子以爲中世的宗教的封建制度，在十四世紀和十五世紀之間，就已崩壞，新制度的要素，代之而起，所以主張中世以一千三百年爲終期。我們是不能夠附合此說：爲甚麼呢？中世的制度，到十四世紀纔祇崩壞，這是事實。尤其是在中世的制度崩壞之後，近世的事物，還沒代之而起，在一千三百年的時代，新舊時代的變遷，不免是極不完全的。譬如古典學派在思想上表示近世的新傾向，是十五世紀末期的事幹，至於宗教界惹起大改革，政治界以及經濟界，纔把基礎立在近世的國民基礎上面，也是在這個時代。加以如後所述的發見西印度新大陸之後，由新大陸鑛山輸入莫大的貴金屬之結果。於是中世的物品經濟，纔見發達，也是從十五世紀到十六世紀的事幹。所以應當劃分爲中世和近世境界的時期，不是在中世制度達於絕頂的一千三百年的時候，是在近世的制度漸就其緒的一千五百年，這是很得當的。而且要依恩格蘭所說：中世以一千三百年爲終期的話，那就像愛桂勒斯（Aquias）與而斯（Orcsme）的思想，可以認爲是中世思想之代表者的，一定要放在近世經濟思想中間，於是和實際就生出一個大大的矛盾，這是我們所以不採取這說的理由。中世是文學以及其他一般學問沈滯的時代，這是歷史家所以不大注意他的緣由。但是我們祇要把歐州近世的文化，都是在這黑暗中發其萌芽的事實一想，則中世之歷史的經過。雖然在社會科學上，沒有何等功果，也是不忍一概排斥掉的。

十字軍以前歐州中

在中世紀前半期！卽十字軍遠征以前的歐州，因爲法皇和帝王爭權奪利，非常激烈，已經弄得疲斃不堪。加以又爲要防止北蠻

世紀的經濟狀況

人的猛烈侵襲，又把全副心血弄得非尋焦涸，所以簡直沒有計畫農工業發達進步的餘裕。而且那時割據歐州各地的封健諸侯，紛爭不斷，誅求頻繁，越發使農業衰頹，使當時整個的經濟活動，痲木不仁。恩格爾批評那時的封建制度，是為維持當時的秩序，以及保護公衆的安甯，一定不可少的制度。據我看來：封建政治的主宰者之諸侯，不但不是產業的擁護者，而且是產業的阻害者，因為他們不但是除了戰爭和遊獵的要具以外，普通一般都有蔑視手工業的風氣；而且當時的社會生活，完全只依賴土地，諸侯的財富，是由他們所有的土地底生產物，以及其人民所繳納的租稅而成，諸侯又以之支給他們的家臣，所以商工業沒有可以發達的理由，不過完全祇把農業拿做維持家族的日常生活的手段，去用極小的規模經營而已。加以戰亂相尋，封建武士，暴戾睢恣，諸侯橫征暴斂，民衆不能夠安居樂業，同時交通不備，運輸不便，這都是防害產業的進步改良很利害的事體。人民困苦不堪，既已這樣，又那裏有甚麼餘力去注意研究經濟學說，在這裏表現出來呢？而且宗教的偏見，和對於古代唯物論極端反對的思想濡染於人心很深，自然經濟的火焰方熾，事物的理論研究，業已絕跡，固陋的法律習慣，勢力很大，所以對於經濟現象，想試術學理的說明，到底是夢想所不及的事幹了。

十字軍及於歐洲經濟上的影響

到中世紀的終期，因為種種事幹，尤其是十字軍的結果，使歐洲的社會漸漸由昏迷而覺醒，於是經濟的社會的活動開始。自十字軍軍興以來，前後差不多兩百年，使歐洲各國的財政，非常紊亂。諸侯任憑怎樣傾其私囊所有，以及向人民百端搜括，還是不能夠得到必要的軍費，於是不得已纔把土地財物拿出去典質，僅僅裏供兵馬之資，其結果遂使諸侯貴族在社會上墮落勢力。他方面歐洲各國的人民受戰爭的影響，得到一個和外國人及各種人種接觸的機會，把他們的眼界擴大，他們的實際知識開發，於是航海貿海的事業，日趨繁榮，各地的生產業，突飛的進步，促成意大利法蘭達斯（Flanders）以及亨塞（Hansa）各市之自治的獨立。而且其勢力反有凌駕封建諸侯而上之概。歐洲的經濟狀況，到這時候，完全一新其面目。

那時一方面因爲十字軍的影響，使歐洲的產業狀況，大起變化，同時在他方面却又因爲法律改革，財產身體的安全，漸漸有了確實的保障。想除去宗教的迷信，進求合理的識識底念頭，也很旺盛，爲闡明

希臘哲學的復興

法理而去研究羅馬法的法律家，陸續而來，同時經院派也在這時崛起，去從事於希臘哲學的鑽研。到十二世紀的後半期，亞里斯多德的著述，就普遍的爲學者所瀏覽了。在黑暗時代的全期，久已埋沒於地下的希臘哲學，却是枯木再度開花，於是把基督教的天啓和希臘哲學的理性，融和一貫，而另外想出一種哲學系統。因爲這樣，而那從來把設神祕講傳說做他們的天職的學者們，也勢必轉而對於社會的實際問題與政治道德相聯貫的社會上經濟上底各種問題，開始論列起來了。

耶穌教的感化

加以起初在中世紀遭遇種種偏見舊習，不能够把他的勢力伸張底基督教，因爲十字軍的影響，從十二世紀，也就起「如日中天」，大大發展起來。他的教義，遂成了支配世道人心的木鐸。把生活的高尚目的

向社會鼓吹，因此啓發當時般人民的精神知識頗多。而就經濟的觀念和經濟的活動去指導當時的民心之力量，也實在顯著的很：他們耶穌教徒冒水火，忍饑渴，把人類應當根本的平等，奴隸農奴，違反神意，家族生活，須要純潔，勞動須當尊重等事，盡量向社會宣傳，傳愛情慈善寬恕等的福音。使人心的歸向，爲之轉愛，因此把社會的道德矯正，在富之生產分配方面，置一個新的基礎，在經濟史上，實在是可以惹人注目的事幹。而且在把羅馬法皇爲中心的歐洲，到處逞其權力的多數基督教會，不但祇把經典做道德的標準，而且爲規律基督教國民的行爲之故，頒佈教會法。（Canon Law）强制他們執行，以此在改變當時的思想風尙方面，有很顯著的功果，這也是一樁不可爭的事實。

第二節　受桂勒斯及奧勒斯的經濟思想

神學者對於經濟問題的討究

時世的變遷既已這樣，而在當時的思想界，占最高地位的神學家們去從事於經濟現象的研究，把倫理和社會的實際問題，從事論列，這也是自然而然的事件。於是在十三世紀以前，那夥熱中於道德上宗教上的論爭，把奢侈認爲罪惡，認富爲不當的慾望等的神學者們，到現今却見風轉舵，而就負債的償還，商業的性質，以及貨幣借貸等世俗問題，從事討論起來。站在哲學的基礎上面的倫理以及經濟的希臘的觀念，却由站在神學地盤上面的經院學派之經濟的觀念，代之而起了。他們一方面把亞里斯多德的倫理學，政治學做準繩，來把貨幣的性質職掌，加以說明，在他方面却又依賴宗教的解識，聖書的教義，去說明貨幣放取利息爲不可，而那夥神學家中，在經濟思想史上，有記載之必要的，要算愛桂勁斯和奧勒斯他們兩人。

受桂勒斯（St. Thomas Aquinas, 1225-1274）

愛氏的著述

愛桂勒斯在中世紀是首屈一指的神學家哲學家，而又兼爲當時的經濟政治學大家。他關於富的教義，他對於高利放債的意見，以及他關於財政及貨幣的格言，都已經爲後世多數著者所引用，而其最重要的，就要算價值論了。

價值

據愛桂勒斯所說：「大凡一切的財物，都有一定的價格或價值，這個價值

論

或價格，是比較的可以測定。就是說無論何人，對於某物要是超過實際價值太多，決沒有誰想支結的，所以人沒有要求物的實價以上的權利，同時無論何人，也沒有支給物的實價以上的義務，只有特別情況，公認這個原則的變更而已。換一句話說；就是在這個世界中間，爲公共的利益打算，沒有設置使賣買當事者要永實價以上的價值，或以實價以上的價值去買物品制度底必要；但是當事者的一方面爲因失却物件，很感痛苦，而他一方面却又狠願得到對方所不願賣的物品時候，於是支拂實價以上的價值，作爲對於痛苦的賠償，亦無不可」。他關於價值的性質底思想，是和近世有所不同。近世的正統學派，完全把價值看作主觀的，其欲望是從必要不必要而不同。在某人價值小，在他人却又價值大、其市場價格，是由需要總額和供給分量的關係而定的。反是：愛氏以及當時其他的學者底思想、以爲價值是客觀的附着於物品本身，離開個人的欲望而獨立，是由生產費去決定價值的。而他們關於生產費的觀念，也是和現時觀念不同趣旨的。卽近世正統學派所主張的生產費中間，是於使用於生產中的原料勞動工錢之外，投到生產中間的資本利潤，也包含在內的，在當時的生產費中間，却完全沒有資本的觀念，譬如對於資本受取報酬，還把他看做失當的事體，就是明證。

貨幣論

愛氏又把貨幣看做人類交易的必要尺度，在普通的交換貿易的時候，去使用他，是很正當的事體。要是把做資本儲蓄起來，不但是不生產的，而且還爲釀成種種罪惡的原因，應該要端非難的，這是受基督教教義的影響。基督教是把土地所賜予的利益，作爲自然的，而且是公共的東西，把土地看做適於道德生活的財產。反是；却又把儲蓄貨幣貨物看做私慾鄙吝的精神，由貨幣所組成的富，是要祕密而且由毀傷他人的行爲；纔祇取得的話，是使貧富懸殊的厲害，而違反一般幸福，應該要彈劾的。愛氏由把貨幣看做價格尺度的意見地，於是把貨幣，也看作和度量衡一樣，同是公共的制度，應該要把他的標準訂定，其且把訂定貨幣標準，應該是君主的特權。但是他不承認君主得由其特權，而對於貨幣，任意作價，却是說君主有應該努力使貨幣的實質和貨幣流通價格接近的必要。

愛氏又和當時一般人一樣，反對金錢取息，這個論調：一是本諸經典中的教旨；一是基於亞里斯多德的學說。本來利息起初祇有僧侶就禁止，後來俗人也受限制，祇有猶太人就始終沒有受過這個禁制。其他愛氏把土地看做生產的要素，社會的事情，都是爲自然的法則所支配。這種思想，雖然是和後世的重農學派酷似，但是重農學派，是要放任個人自由活動，纔祇可以和自然法則一致。反是，愛氏是把自由競爭看做惡弊的根源，要用各種的監督手段，去防止他，彼此的觀點，是大大不同的。總之愛氏的學說，可以說是不過於亞里斯多德學說之中，略微加了一點中世的神學觀念之氣味而已。

利息論

奧氏的經濟思想

奧勒斯（Nidaole Oresme, 1320-82）

奧勒斯是法王查爾（Charles V）五世的師傅，關於一般的經濟思想，雖然沒有甚麼特別見地，但是祇就貨幣一端而論，實在具有精確的觀念。羅雪（Roscher）稱讚他是當時最卓越的經濟學者，恩格蘭也賞揚他的貨幣論，是和十九世紀的貨幣論，沒有甚麼不同，這並不是過當的讚詞。奧勒斯把貨幣看做是於人類交易上出於便宜的必要，與其用重量；容積大的貨品去交易，毋寧用重量容積都很輕巧的貨幣來做交易的媒介，於物之所有移轉上，很爲便利。他關於貨幣的製造，貨幣的價格，也曾論列過，他以爲貨幣的價格，是由其原料的分量和品質來決定，政府是不可以把他種金屬混合於貨幣中間，使貨幣的品質惡劣的。而他在這時候，又曾經想到和惡貨驅逐良貨的格納雪姆法則(Gresham's Law)相同的理論。

本章參攷書如下：

高橋誠一郎：經濟學史研究第六章
道家齊一郎：新經濟學第三章
小川市大郎：新稿經濟學史第二章
John K. Ingram: History of Economics 第三章
Lewis H. Haney..History of Economic Thought 第六章

第三章　中世

Taylor: The Mediaeval Mind 第二卷第四十一章

Thilly: History of Philosophy 述經院學派章

第四章　近世

第一節　重商主義以前的經濟思想

概說

從十五世紀到十六世紀的中間，歐州方面有許多大事件頻頻發生，於是使社會的形勢一變——即在政治上，社會上，於東羅馬帝國滅亡之後，隨着有好望角，西印度，美洲大陸等地理上的大發見，同時又有火藥，印刷機械以及航海的羅盤針的發明，古典學的復興，封建制度的崩壞，帝政的勃興，宗教改革等等事件。此外專關於經濟方面的事榦，因受東西航路變更的影響，而於貿易上生出一個大變化，於是新大陸發見以後，由鑛山產出莫大的貴金屬輸出的給果，因此便專流行於中世的物品經濟絕跡，貨幣經濟，于是發達，尤其是在菲羅倫斯 (Frorence) 威尼斯 (Vence) 日內瓦 (Genoa) 等自由都市中間，信用制度，不但祇發生，而且擴張了，人口的增加，殖民地的增設，常備軍的設置，在專制國間的財政膨漲等許許多多的新事實，互相關聯幷起，於是使社會上的舊形態，大大改變，竟至驅採山釣水自適於桃源夢裏的中世人民，使之站在敏活繁劇的近世舞台上面了。

學風的辦變

此等事幹，竟使當時的學者，捨空想而就實驗，有避掉從哲學上神學上去發抽象的議論之風尙，專從政治上去解決實際問題的傾向。而在當時實際上的大問題，當然要算亞美利加貴金屬的發見，和歐洲各國惡貨的濫造了。學者的視線，不期而對於貨幣問題，格外注重。

貨幣論

於是意大利的史嘉納菲伯（Count Gasparo Scaruffi）于一五八二年著「通貨論」一書，關於國際共通的貨幣鑄造，披瀝卓拔的意見，勒浦斯（Naples）的造幣局長湯博（Gian Donato Turbolo）於一六二九年出「貨幣論」一書，論列貨幣品質粗惡的弊端，英國威嫌史達夫（William Stafford）也曾把他所著的「英國政策管見」捧呈於愛利女王（Queen Elijabath）在這封書上，把關於濫造貨幣，是使一般物價以及經濟上各方面大受影響的問題，陳明卓拔的意見。其他在德國則有愛爾勒斯坦（Ernestein）於一五三○年所著的「一般通貨論」，在意大利則有霍伯尼（Copernicns）奉綏司孟第一世（Sigimund, 1.）的詔命於一五二六年草（通貨論）一書，論列國內貨幣統一的必要，貨幣問題和物價論，在當時完成了經濟上政治上的最大問題，學者也互相想求解決。像以上所說的諸人，關於此等特別問題，雖然都可以目爲先驅者。但是於系統的秩序的方面去解說一般的經濟現象，替近世經濟學置點基礎的，實在要算鮑丹（Jean Bodin）和席納（Antonio Serrd）兩個人。

鮑丹（Jean Bodin. 1530-96）

鮑丹的經濟學說

在十六世紀中間的經濟學，政治學，財政學上占第一位的，就要算鮑丹。他於一五六八年，曾出了一冊（關於各種貨物騰貴及通貨答馬勒司托的僻見書）（Reponse aux paradoxes de M, Malestroit tonchant I, encharissement de toutes les chnses et des Menndies,）又於一五七八年，出有（通貨的增減所生出的結果怎樣）一文，（Discoures sur le rehaussemeet et la dinunation des Monnaies），把價格變動的原因，貨幣變動及於貨物的市場價格，以及勞動工錢的影響，說明的頗爲巧妙。鮑丹對於馬勒司托所著的「關於貨幣使用的奇說」一部著作中間，以爲市價的昂騰美，完全是由於貨幣的下落之說，根本否認，他把市價的昂騰，歸於下列的各種原因，即：「1」美國生銀產出的增加，「2」國外貿易的發展，「3」里昂銀行的事業擴張，「4」奢侈風尚的瀰漫，「5穀物的自由輸出，「6專賣業，「7」貨幣的下落等事。對於這事的救濟策，他的主張是在幣制改革，國民的產業底保護，他以爲貨幣流通之額，決不能構成一國之富，又以爲貴金屬的輸出，是由商業上之必要而移動，禁止是決沒有用處的事體。而他因爲想確保人民的安寧幸福之故，對於柏拉圖穆勒(Thomas Morus)的共產說，不大贊成，却極力提倡私有財產的保護說，以爲很能適合時代的要求，而極力稱道他，實在是可以稱爲重商學派的先驅。關於生產：他是要求政府强有力的干涉，對外國的製造品，主張課以高率的關稅，對於粗製品，食料品，則主張征以率的關稅。在這等地方，雖然是屬於重商學派的人士和他的見解，沒有不同之處，但征他在許多地方，是希望自由貿易，沒有限制的，一國國民的利益，是要於他國國民沒有損失，這是要留意的。他的這樣見解，的確不能不說是他獨具隻眼。關於財政，他也是把看做國家的命脈，把多多注意和租稅整理，當做是國家的義務，尤其是他論列國民之物質的生活底發達時候，着眼於高尚之精神的生活方面，這是值得賞讚的。

席納 Antonio Serra

席氏的經濟學說

關於席納在經濟學上的功績，是人各異其說的：嘉利亞立（Galiani）薩爾菲（Saloi）以及其他意大利的學者，是把他當做當時第一流的學者，反之，菲納拉（Fornari）等却又以為他完全無所取材。但是他的經濟意見，直到他死之後，有一百五十年，宇全埋沒於書篋中間，沒有受人光顧過，直到後來却纔一般都承認他在十七世紀前半期的學者中間，可以占最高位置。席納生於加拉佈利亞（Calabria）的可塞亞（Cosanga）地方，因為當時附利和陰謀勒佈爾（Noples）脫離西班牙的羈絆而建設一獨立共和國的主謀者嘉姆巴勒（Tommaso Companella）之故彼逮下獄，他於一六一三年，在獄中著了一冊書，題目是「不產金銀之國而金銀足用之理」(註)，照他這部書的題目看起來，當然知道他是採用重商主義的，及一閱讀全篇，有沒有重商主義的解說。他在這部著作中間，力說國民之富的財源，工業當然比農業超越，拿日內瓦威尼斯菲羅倫斯的繁榮和勒爾佈的衰頹比較對照，以做證明他所說不虛的例子。他又在這部著作中間，關於富之取得，以爲不僅是外界的便宜狀態，而人民之勤勉的性格，產業的習慣，以及堅實的政府，良善的法律，都是必要的事體。他的這種議論，不能不說他是超脫當時的俗論，發抒崇論宏議，獨成一家言。

重商主義

第二節　重商主義

第一款　總論

到十六世紀的末期，所謂重商主義起來了，或表現於經世家的政策，或發抒於學術家的意見，都深足値一般人心風靡。但是重商主義，與其說他是主義；就毋寧把他認做思想的傾向。其所以把他叫做主義的，就是由斯密亞丹在富國論中間，分列學派的時候，爲便宜計，就把懷抱此等思想的人士，配置於重商主義命題之下，所以纔有這個名稱。所以他們對於所謂重商主義，用一句話來把他評斷：就不外是從十六世紀到十八世紀底經濟思想的傾向。換一句話說：就可以說是從中古制度瓦解起，到自由放任主義勃興止，在這個期間，傳播於歐洲的思想之一種。

重商主義的特徵

在極端的重商主義方面。是把富和貨幣看作一樣：國家和外國交易的時候，是一定要吸收最多額的金錢於本國的，各國民輸出本國的製造品，一定要多，同時輸入外國品，一定要少，在這中國所生的差額，就是貿易的差額，是一定要努力輸入金銀的。政府爲想要得有利益的差額，（就是說輸入的貨幣總額超過輸出），對於外國品的輸入，就要取禁止或限制的手段，課他以重稅。又爲獎勵內國品的輸出之故，就須要給予保護金。他們這種主張，雖常常實行，但是直把他律以一般的重商主義，是不得正鵠的。屬於這一派的經濟學者，大多數固然不是誤信藏黃金於罏下可以致富的短視之人。所以羅雪(Roscher)批評他們，在說明重商主義的特質一般中間說，不要把他們當作是由於共通的或一定的學問理論，祇要認為是有兩三種理論傾向，介在他們的中間，用這個方法去覺察，就大可以知道他們的眞性質了。他們共通理論的傾向，是些甚麼？即：「1」有過當的看重貴金屬多多益善的傾向，「2」有把外國貿易比內國商業；格外看得重，獎勵精製品製造；比原料的產品重的傾向，「3」有把人口稠密，當作國力的要素，格外把他看重的傾向，「4」有以為國家想用人為的方法，達到以上的目的，就應當要格外努力的傾向。通常一般人所認為重商學派之特質的干涉政策，人口增殖策，工業條例的制定，關稅制度的設立，都是由於以上的思想傾向所表現出來的結果。所以與其他叫做重商學派的特質，就毋寧認為是其特質的附帶要素，還適當些。

重商主義勃興的原因

從現今經濟的眼光看來：在重商學派所懷抱的思想中間，不免帶有幾分蠢氣，不過要是仔細把西歐在當時的情狀考察起來：也就可以知道這一派的思想傾向，其所以風靡一時的，也決非偶然的事體。在近世第一期末尾，新世界的發見，於是使在歐洲的通貨，格外發達。加以由物品交易而成立之舊時「封建經濟」業已絕跡，新的「貨幣經濟」，代之而起，金融越發活潑，遠地交通，越發頻繁，都市生活，所及動產，格外被人認為重要，使人痛切地感覺貨幣的貴重：貨幣在一切場合，可以充一般的需用，貨幣的所有者，占有所有一切物品的購買力等等事體。而當時又是西歐各國的帝王，把驕傲的封建諸侯壓倒，確立强有力的中央集權時代，路易十四世（Louis, XIV）「朕卽國家」的豪語，可以代表這個時代各國帝王的權威。豪華奢侈，達於極點，官家費用，大事濫支，文官數目，格外增加，為想維持專制政府的成功，常備軍就是必要的事幹。因為這樣：於是需要巨額的資金和多數的人口，王領的收入及租稅，到底不足以供給此等費用，而苛稅與暴斂，於是逐年增加了。當時的經世家，看了這種情狀，於是把謀產業發達，就一定要使國民富裕的事體，當作政治上的急務，以為：製造業比農業，能够使人口格外稠密，致富格外便利，外國貿易，比內國貿易的利益，格外要大，他們所以把眼光注射到這等事幹上面的，也可以說是自然的經過。加以由近世初期，漸次開發的歐洲各殖民地，到這時代，越發繁華起來，為歐洲的製造業設置一大市場，以爲供給海外貿易的新舞台，越發助長及促進把工商業當作立國基礎的運氣。凡在政治上有野心的各强國，都想先在製造貿易方面，掌握霸權，於是惹起激烈的經濟競爭，這他是因爲當時的狀况，經濟上的成功，已經成了到達比政治上卓越底要具之故。於是國家成了鞭撻激勵個人之經濟企業的監督者，培養都市產業之人爲的暖室。用干涉强制保護特許等等一切手段，有組織整理生產，使輸出品精良；而且低廉，在外國市場上，努力維持本國製品的聲價，政府並予國內的同業組合，以及貿易公司以種種特典，以獎勵商工業的振興。課重稅，設禁令，以杜絕原料品以外之外國品的輸入。一方卑詞厚禮，延聘外國的職工技師，同時他方則嚴刑酷罰、禁止國內製造業者的國外出遊，使用種種奸計詭策，在外國市場上，排斥他國民的競爭，同時極力擴張本國品的市場，不可使殖民地的人民，和本國以外的歐洲國民互相貿易，殖民地所需的製造品，一定要使他從本國購買，使殖民地代之以貴金屬或粗製品的供給，互相交換，所以殖產工業，是當時歐洲各國內政最重要的事幹，通商條約，是外交政策的最大目的。當時的情狀，既已這樣，就可以知道：學者的議論，政治家的設施，取特種的思想傾向，而成爲所謂重商主義，是事有必至，理有必然了。總之重商主義，是在其時代底實際的活動之理論的反映，國民以及政府所以崇尙他，歸向他的，不是爲受某一科學思想所指導，不過是由於被外部情況的力量所促進，在目前認爲重要罷了。重商主義，雖然在其晚年，釀生種種惡弊，供給重農學派有力的攻擊材料很多，但是他一方使工藝技術，進於精巧，同時他方，改良歐洲的很幼稚的產業，養成國民的新生產力，使國家的產業貿易發達，使工業者之社會的地位升進，他的這種功績，他是不可埋沒的。恩格蘭稱讚重商主義，有一段說：「國民因此上了一般的社會發達之大道，要是這時代的思想，不被同時代的情況促進，不爲社會學的先進所誘導的話，自然會越發用更爲奮興的精神去通過這個大道的」。他說這些話，或者不免稱讚過當，但是栗謨納（Schmoller）也批評重商主義說：「重商主義的理想，不但祇在當時不應該非難，是當時唯一正當的理想，就是在現今在某種地方，也是不應當非難的理想」。他對於重商主義的眞正價值，可謂得到正鵠了。

第二款　政策上的重商主義

表現於政策上的重商主義

重商主義的思想，創自何人？重商主義的實行，始自何人？這種疑問，我們往往耳有所聞。但是對於這種疑問，是不能够有圓滿答覆的。爲甚麼？因爲這種思想，是不期然而然的，就是沒有科學知識的人們之腦海中間，往往也有這個印象，是誰首先發明出來的，是不能够識別的緣故，就是在希臘著述家，也有懷抱重商主義的，決不是十六七世紀的特有物，不過在這時代鼓吹最力而已。至於自何人起纔開始實行，也不大明瞭。在十四世紀及十五世紀的時候，就已經稍稍見諸實行，到十六世紀的初葉，也的感化力，纔逐漸推廣，一到十七世紀，這種潮流，就以滔天之勢，瀰漫各國。西班牙的查理斯五世，(Charles V)普魯士的福利德里克一世，(Frederick)英國的亨利八世，(Heury VIII)愛利女王克倫威爾(Cromwell)法國的柯爾柏(Colbrt)，都是實行重商主義，成功最爲顯著的。現今從這個思想來敍述政策，雖然是屬於經濟思想史範圍以外的事體，但是所謂重商主義，與其把他當做理想，就毋寧把他當做政策，所以把以上所述實行這種政策中間，有重要關係的，尤其是把頂著名的柯爾柏克倫威爾兩人的重要政策，略爲敍列，用以紹介表現於政策上的重商主義之要旨。

柯爾柏的政策

柯爾柏和克倫威爾都是重商主義之實際的代表者，一個在法國的經濟政策上，採用重商主義，而致國家於富强，使人稱重商的政策，爲「柯爾柏主義」(Colbartism)，一個由可以認爲重商主義之化身的航海條例，而把荷蘭的中間貿易壓倒，遠送建設英國的海上霸權。柯爾柏做法國的宰相，正是路易十四世在位的時候，法國雖然紹李雪榴（Richelien）馬薩林（Magarin）之後，大昌稱霸歐洲之說，但是內而財政紊亂，產業衰頹，貴族僧侶，獨享免稅的的特典，一般人民，則苦於苛征暴斂，而呼籲無門，外而荷蘭掌握世界的商權，跋扈寰宇，而具有想使法國成爲世界獨屈一指的富强國家底偉大抱負之柯爾柏恰在這時當國，到底用甚麼政策，可以度此難關。確實是一個緊要問題。柯爾柏的慧眼早已看到要致國家於隆盛的策略，當首先在獎勵國內的生產業。而且知道法國產業不振的原因，就是在工商業的的課稅過重，不堪負擔，以及工商業在社會上的地位卑下，首先注重要改良法國的稅法，減輕人民的負擔，把租稅轉嫁於貴族僧侶。但是又知道要是祇用這樣的消極政策，到底不足以振興幼稚的產業；而增進國富，於是標榜優俸和特典，從外國延聘良工名匠，禁止本國製造者的外國移住。當時從外國延聘來的技師，於一定期間，予以製造賣買的全權，或賜予貴族稱號及特權的，固然很多，就是往時除王族以外，無論何人，不能够享有免稅恩典的特權，而這般技師們，也間有享受的了。同時魯溫(Rouen)地方，有一個毛氈製造廠主，想開一間毛氈製造廠，於是帶八個職工移住於李斯濱(Lisbon)被柯爾柏知到了，登時命李斯濱駐箚領事，要告訴他們說：如果不肯回魯溫的話，當時對於他們的家族，處以重罰，於是把他們拉回去了。柯爾柏復又實行國家自給主義，嚴禁外國品的輸入，精造品固然是要仰給於本國製造，就是如木材，礦產等的粗製品，也是要於可能限度內，仰給於本國的森林礦山，銳意從事培養和採掘。他感覺有哺育國內的產業；使其外國品競爭之必要，於是勵行補償金的制度，以保護製造業者，知道法國民衆，有流於遊惰安逸不忠勤於職務的風氣，於是限制休日之數，檢舉浮浪之徒，看到工藝家，急於目前小利，而對於出品，過事粗製濫造，於是頒佈法令，規定製造品的品質，想擴張本國品在外國供給的市場，來把荷蘭壓倒，於是和西班牙葡萄牙締結互惠的通商條約，驅使葡萄牙在印度方面，做法國貿易的先鋒隊。又在東西兩印度，北海，阿非利加沿岸各地，設究特許商社，完全是強制的募集指助金。終久柯爾柏的補償金的制度，以及對於荷蘭所取的反對政策，雖然終歸于失敗了，但是使法國的貿易及製造業，於期年之間，突飛的發達，使後人稱爲經濟上底死條的重商主義在(Mercantlism)，百餘年來，做歐洲政治家的準繩，可以完全說是由於柯爾柏的政策的力量。

克倫威爾的政策

英國自把西班牙的阿爾梅達(Armada)一度擊破以來，於是急切的擴張海軍，先掌握東印度的商權，領有阿美利加的殖民地，威權隆然，有壓倒四隣之勢。當時荷蘭早已經在世界上著名各地，交通往來，經營商業貿易，在歐洲亞細亞阿非利加阿美利加各地，把中間貿易獨占。英國却在商業上，不能够立於第一位。於是克倫威爾想先給荷蘭一個大大打擊，而奪其商權，遂於一六八六年頒布有名的航海條例。航海條例的內容，最重要的是下列五點：「1」禁之英國船以外的船舶，從事你沿海的漁業運輸，「2」禁止英國船以外的船舶，在英國本土和殖民地之間的運輸，「3」歐洲大陸和英國的運輸須由英國船舶，或由製造其所運輸物品的國家之船舶，「4」外國商人輸入貨物於英國的時候，須加倍完納關稅，「5」從英國殖民地輸出於外國的船舶，必須一度經過英國。荷蘭人對於這個航海條例，自然不能够容認，由交涉而至於用武，竟一敗塗地，不能復起。及克倫威爾死後，查爾斯二世(Charles 11)從法國回來卽位，克倫威爾生前的事業，大半被其破壞，祇有航海條例一椿事，還是繼續勵行。

重商政策的黑暗方面

以上所述。在這時期的重商政策。雖然在使歐洲的經濟發達，致各國於富强方面，有多大的效果，但是同時就有黑暗潛伏在側面，這是不可爭的事實。重商政策因爲用法令把製造品的品質，形狀，趨向，都規定謹嚴，製造家不能够應一般的需用，隨趣味的變遷，而有所出入，因此生產的方法，非常簡便，不能够開分業的途徑，沒有促進器具改良的機會，於是產業之人爲的發達，新計畫及新發明，都完全萎縮和挫折，遠大的事業，竟爲圖目前成功而犧牲了。雖以柯爾柏的高瞻遠矚，派人到各國調查貿易狀況，又時時投巨資使人去講究各種技術改良法子，努力想防止此等弊端，然而這種惡結果，終於不能够抑制。

第三款　學說上的重商主義

猛(Thomas Mun. 1571-1641)

太學士猛的經濟思想

在重商主義的中間，最有名的，就要算倫敦的一個商人大學士猛。他於一六二一年。曾出了一册書，題目叫做「英國和東印度間的商業論」，一六六四年，他的遺稿「英國對外貿易致富記」出版，他在這兩部書上，把貿易天秤說的理論，以及使英國拿貿易天評作爲有利的手段，都有很明晰之系統的說明。據他說起來，「國家的經濟政策，就是在處辦製造品的輸出，直接貿易，中間貿易，關稅等事，把外國的貨幣吸收到本國來。但是起首從外國購買財貨，把貨幣輸出於外國的時候，是和田園下種一樣，到收穫的時候——就是最終，還可以從外國吸收多額之貨幣回來的。所以貨幣一時的流出，決不是可悲的現象」。他又說：要是流通於國內的貨幣太多，則使物價昂騰，所以防止外國品的輸入，是於國家很有利益的事體。

蔡爾德的經濟思想

蔡爾德（Sir Josia Child 1630-99）

重商學派中間的學說，比較穩健，合乎中庸之道的，實在要推蔡爾德。他於一六八八年著了一冊書，題目叫做「關於貿易金利的管見」，隨着於一六六八年和一六九〇年，又出了一部「貿易新論」，當時英國方面，把荷蘭當作富强國民之模楷的議論，風靡一時，蔡爾德也是熱心崇拜荷蘭的一個人，他把荷蘭富强的原因，都歸之於金利的低廉這一樁事幹。他以為：金利的高低，不是由自然的外界事情來定，是可以用公家力量自由處決的。所以說：政府要是想富國安民的話，那就先當要用權力去限制金利。蔡爾德固然也是固持貿易天秤說的，却又說一國國民，要是不向外國購買一物，祇把本國的生產物賣給外國，是不可能的，所以他主張貴金屬的輸出，決不是有害的事體。其他如力說人口增殖的必要，關於殖民地和本國間的貿易，主張本國政府，應當取得貿易的全權，在一定制限之下，主張應當設立有特權的商會等等。雖然和一般的重商學派，沒有甚麼不同的地方，但是他論究航海條例的時際，却反乎平素的議論，和後世亞丹斯密所取的態度，完全相同，這是大可奇怪的一點。後世的學者，雖然有以爲蔡爾德的學說，不流於偏激，因此遂把他當做自由貿易論之先驅者的，但是這種見解，決不可以說是很得其正鵠。

鐵湃耳 (Sir William Temple 1628-89)

鉄湃耳的經濟思想

鐵湃耳於一六七二年，著有「對於勸蕹蘭聯邦的觀察」一書，一六七三年，著有「愛爾蘭貿易論」一書，其中關於國民財富的產出，是勞動和貯畜的作用一樁事體，說明極其周到，然而他也是不能够脫却當時貿易天秤說的謬誤之一人。他主張國家的經濟政策，應當要模倣荷蘭，是和蔡爾德相同，而他的論據，是在荷蘭做公使時，基於實地觀察的事實，所以他的議論，大為世人所注意。

達文南特（Charles Dasenant 1656-1714）

達文南特的經濟思想

達文南特和鐵湃耳同是重商學派中之折衷派，他在他於一六九六年所著的「東印度公司易論」，以及一六九九年所著的「使貿易天秤對於國民有利之可能的方法」，這兩部書中間，關於富及貨幣發表正確的意見，主張重商學派的貿易說。國內商業，力主自由，至關於殖民地的商業，則稱揚政府的干涉得當。

第三節　非重商主義

重商主義所

重商主義有一個時期，代表歐洲方面的經濟思想，在實際政治之

生的弊端

範圍以內，也會猛然伸張其勢力，本來重商主義，在哺育幼稚的產業。增進國家的富力方面，是極緊要的，至於生產業已經發達，國力已經充實之後，對於這種思想；這種方法，就應當不大恪守，另外改變方針的，尤其是歐洲當時各國所斷行的重商政策，不過是施於國家創業之際的一種非常手段，把他用之於守成之際，利少弊多，亦固其所。於是重商主義到了晚年，果然接二連三，發生下列的種種弊端：「1」每一個政府當局的人交卸。或同一政治家的意見變更，於是其所保護的產業種類，隨着不同，因此離開保護的產業，相繼倒閉，「2」如受苛酷關稅的影響之德意志，是小邦分立之國，因爲關稅的競爭激烈，於是阻礙大工業的發達，「3」向農民苛征暴斂以保護商工業的結果，農民的窮苦一日厲害似一日，「4」各國互相努力禁止外國品的輸入，致失掉國內生產物，在外國的市場，「5」起首政府視爲產業開發之利益，而從事獎勵的同業公會，後來竟流於專橫，而成爲作奸犯科的機關，「6」像西班牙是專想貯蓄貨幣的國家，貨幣價格，大事低落，物價忽然昂騰，潛伏於成功之中，不易窺知的破綻，繼續暴露於外部。因此重商學派的議論，重商主義的政策，完全失掉其聲價，却發生惡感於一般社會了。

對於重商主義的反動

同時重商學派，把金銀的蓄積當做富國的本源之偏僻意見，也被一般人證明他的意見，是謬誤的了。而富的根原，是由於自然物及人類的勞力而來的敎義，也普通的為一般人所承認了。歷來只看重外國貿易，把農業極端蔑視的商業政策，認為是把本末顛倒，極力非難。所謂有利益的貿易差額，以為不應把他當做一國或政治家的眞正目的，而極端攻擊，產業的自由，認為是經濟的進步之緊要條件，而極端主張。前此歐洲各國，以為對於貿易事業有利益而設置之排外的禁止保護關稅，專賣權，特許同業公會等等制度，認為足以障害國運的進步，而排斥他。對於重商主義的責難，一天多過一天，於是重商主義的運命，也便「岌岌乎可危」了。這種非重商主義的意見，起初還是個人的批評，表現於英國，後來便成了強烈之社會的情感，而磅礴於法國了。

柏格勒柏爾 (Pierre Boisguillebert, 1646-1714)

柏格勒柏爾的經濟思想

起首放攻擊重商主義之矢的，就是法國人柏格勒柏爾。他是法國的裁判官，看見國內農民，零落困苦，達於極點，不免引起他的惻隱之心來了。於是著設多的小冊子，非難政府的政策，而為農民吐氣，因此免職，而放逐於國外。據他說：「一國的勢力以及富的基礎，不在商業者；而在健全的農民身上，所以政府應當從國家本身的利害打算，來保護農民。柯爾柏的政策，是急於保護製造業者，而虐待農民，禁止農產品的輸出，都會人民，因此越發想使穀價低落，以致發生惡結果非常之大。為甚麼？因為穀價過高過低，都非所宜，過高是用毒殺人，過低是用刀殺人，殺人的手段，雖然不同，殺人的目的，彼此還是一樣的。自然是甚麼？自然就是天意，所以對於國民經濟，取自然放任主義，是最合天意；最得權衡的道途」。他又把社會階級，分而為二：「1」為不勞而獲的階級，「1」為終日勤還不能求得一飽的階級。前者應該對於後者，表示熱烈的同情。他的諭論，在他生前，雖然還不大惹起一般人注意，他在當時，的確是一位明眼人。在他所著的書籍中間，關於租稅的改革意見，以及其他議論，也有許多可取的地方。

元帥瓦彭（Marshall de Vauban, 1633-1707）

瓦彭的經濟思想

瓦彭是供職於路易十四世的朝代之有名武人，對於農民，很表同情，尤其是對於貴族僧侶，獨享免稅的特典，只有農民負擔重稅這一點，非常憤慨。負所以主張改革租稅制度，非常藝心，據他說：「凡一國的國民，享受國家的利益；和保護的權利，彼此是一樣的，負擔租稅的義務，也是彼此一樣的。租稅祇能對於土地和所得而徵課，其所課稅率，無論在什麼地方，都不能超過十分之一，而且勞動者的稅率，應該比其他階級低些。……國家於這種直接稅之外，對於奢侈品，役僕，馬車，以及貴族僧侶以外的人們，佩帶刀劍等等，應當徵收消費稅。

威廉皮特（Sir William Petty, 1623-1687）

威廉皮特的經濟思想

英國老早就反對重商主義，而議論最爲卓拔的，要算威廉皮特。

他於關經濟方面所著的書籍很多，把他的意見綜合起裏，不外下列幾端：「一」勞動是財富之父，土地是母，「二」把一國的人民，分爲生產的和不生產的兩個階級，在生產的階級中間，只可以把生產有益的有體的物品底人們，就歸納在這一類。（這種區別，以後由亞丹斯密精細論述）「三」財貨的價額，由其生產所需要的勞力的分量來決定的，「四」這種價格的普通標準，應當依照人類生活之必要的最低限度底食料費用，「五」地租是在生產物的價格超過其生產費用無部分，（這是予李嘉圖的價格論地租論等等思想的一個很大暗示）「六」政府干涉經濟，限制利息，禁止貨幣的輸出等事，是決不可以做的。他又主張經濟學的說明，應當用數字表明，使其議論正確。他是政治統計的主唱者，所以統計學者的聲名，極盛一時，又有某一派的學者，叫他做經濟學的鼻祖。

羅濕（Sir Dudley North 1647-1691）

羅濕的經濟思想

在反對當時禁止制度而起的自由貿易論中間，議論比較最澈底；最切實的，就要算一六九一年羅濕所著的貿易論 Discourse upon trade 了。他主張富的本源，是由於土地耕作或製造工業的人類勞力，富是可以於金銀以外成立的。同時他又說：貴金屬是組成一國富力的一大元素，他加任務，是很重要的，而且貿易所需要的貨幣額，是隨社會的情況而增減，應該自然放任。對於當時把貿易不振的原因，歸於貨幣的不足之言論，認爲謬妄，而加以駁斥。他說道：「貿易的沉滯，是由於在內國市場的貨幣物供給過多，或外國商業上的變動；以及貧困等等原因，以致消費銳減而釀成的」。他又說道：「貿易要是單指交換剩餘貨物，則由貿易而把貨幣輸出於外國，不僅不減國富，且是加增貨幣的」。他又以爲：經濟方面，國民在世界的關係，恰和都市在國家或家族在都市一樣，是有不可分離的連帶關係。利息也是應該和其他物品一樣，同時由需給關係而定，決不和蔡爾德等所主張的一樣，是能够由政府的規率去限制利息的。關於自由貿易問題，特別明晰的加以說明，他說道：「個人往往把自己的利害爲其行爲的標準，所以在某一個時候，個人關於買賣，可以侵害他人的權利，然而政府因此干涉個人的工商業，特別的對於個人或一種產業，予以特別的保別益，也是不宜。爲甚麽？因爲無論何種買賣，斷沒有對於社會，沒有益處的，要是於社會無益的，就會自然消滅，商業繁榮，是對於社會大有利益的。總之物價的漲縮，應該聽其自然，不可用法律去規定的，無論那一國的人民，除了由自己的勤勉，和平，自由活潑的經濟活動之外之外，決沒有由國家的保護而可以致富的」。他這種意見，在八十年之後，由亞丹斯密來加以很巧妙的說明。

洛克的經濟思想

約翰洛克(John Locke 1633-1704)

約翰洛克是有名的哲學家，關於經濟上的問題，也有許多堅實的觀察，和公平的意見。他極力主張的，就是在貨幣品質不宜粗惡一點。因爲當時有一派人。大有誤信發行劣幣，以爲是對於國家有利的傾向，所以他痛切的反對，關於利息，他以爲不能用法律限制是和屋租或船租，不能用法律規定一樣的。和蔡爾德所主張的，恰恰相反。關於工銀，他以爲應該以供給勞動者的生活上必要不可少之必要品；爲其低限度，要是物價騰貴，工銀也應當以物價爲比例而騰貴。他又把地租的低落，看作一國富力衰頹的確證，租稅用甚麼方法徵收？大半是課於土地，這就是後世重農學派的土地單稅論的先聲。他所論列各點，後世的學者，都恭維的了不得；如羅雪把他和羅澀以及皮特兩個人，是英國當時的三大經濟學家，在其餘諸人之上。又如萊布尼慈 (Leibnisy) 批評洛克關於經濟的著作，如「關於利息低落以及貨幣價格騰貴的考察」(一六九一年)以及「其續篇」(一六九五年)說：「關於這等問題，無論何人，到底沒有比洛克說得更明瞭；更適當的」。但是他還是不能夠脫重商主義的臭味，對于貨幣，非常重視，他說道：「一國的富力，是可以由金銀數量而決定的，惟是如此，所以一國保存貨幣，比世界任何部分要多，是必要的事幹，要是某一國有鑛山，本國沒有鑛山的時候，那嗎，除征服他國或由外國貿易以外，別無致富的策略」。他生在那個時代，維持貿易差額說，可以說是當然的事幹。總而言之：洛克在學問上的功績，不是經濟上的理論，是在反對霍布士(Hobbes)的政府萬能主義，鞏固民本主義的基礎，建立一般哲學的政治的原理。

理查坎梯倫(Richard Cantilon)

坎梯倫的經濟思想

在重商主義的晚年，重商主義和重農主義的過度時代，關於經濟上的著作，最著名的，是坎梯倫的「商業總論」(Essai sunla nature decommerceen General)。我們在這本書上，可以看到學者思想的傾向，是由重商學派之狹隘的國家的眼界，進於自然的自由主義派之廣闊的國際的方向。他的議論，影響於重農學派的地方頗多：譬如桂勒(Francois Quesnag)就是承繼他的衣缽的。所以有多少學者，把他當做重農學派的鼻祖，不過他的論旨，類似重商學派，要把他當做過渡時代的經濟學者，纔底得當。他的著述，是由三部而成的，在第一部中間，是說明富是甚麼？工銀相異的理由，價值，人口和食物的關係，金銀貨幣適合的來由。他下富的定義說：富不外是生活的便宜和快樂，土地是富的本源，勞力是生產財富的力量。他又說：對於勞動的需要，是決定其供給的，生產費是決定凡百的勞力及貨物之市價的，職業不同，而工銀隨着不同，是由於肄業時間的長短，肄業費用的多少，職業的難易，職業危險的程度，從事於職業的人們之信用程度等各種原因。他關於這一類的議論，是和後世亞丹斯密特所精細說明的完全符合。其他他又把價格分為實價和市價，他說實價是由生產費而定的，市價是由需要供給的關係而決的，他的這種議論，是和穆勒約翰(John stuart mil)所說的相同。他說人口是以食物為比例而消長，是和瑪爾莎斯的人口論相像。他說金銀是有用，美麗，堅牢，便於運搬，可以分割，易於保管，容易認識，品質相同，而且不能夠廉價生產，所以只有化成貨幣，最為適當。他的這種說法，是和季文斯(Jevons)的貨幣論所說的，沒有甚麼不同的地方。他又在他的著述二部：第三部中間，說明都市和田園的不同，金銀發見，及於物價的影響，以及外個貿易，外國匯兌等項。據上說的看來，坎梯倫的眼烱，觸到經濟問題的機微很多，予後世的經濟學者，成一家言底動機，實在不少。所以季文斯批評他說：「亞丹斯蜜的學說　是起因於桂勒而桂勒的思想，是胚胎於坎梯倫的）。「他關於外國貿易，外國匯兌的議論，比諸戈遜(Hermann Heinrich Gossen）的匯兌論，實沒有遜色，值得賞鑽的」。不過雖然有人激賞他，而同時也有人貶黜他，說他的議論，不能够脫重商主義的臭味，譬如昂肯（August Oncken），就是貶黜他的一個人。這樣看來，關於坎梯倫在經濟思想史上的地位，學者之間，所說各異，不過他在經濟學上貢獻的功勞很大，這是無論何人，都不能够否認的。把他當做經濟學開山祖，或者是譽之過當，但是把他稱做經濟學的有力的開拓者，我覺得也沒有不可。況且他於土地之外，把勞動看做生產的要素，商人編入不生產的階級，認爲不可，和重農學派相比，差不多是百尺竿頭，更進一步，自然可以說是經濟學方面有力的開拓者了。

本章參考書如下：

高橋誠一郎：經濟學史研究第一章第七章第十一章

道家齊一郎：新經濟學第三章

第四章　近世

小川市太郎：新稿經濟學史第三章
John K. Ingram: History of Economics 第四章
Lewis H. Haney: History of Economic Thonght 第七章

第五章　最近代

第一節　重農學派

第一款　緒言

自由思想的發達

前章已經說過：重商主義在晚年的時候，發生種種的弊端，同時由新派的英國思想家所唱道的自由主義思想，像洪水一般流入歐洲大陸——尤其是法國，大受當時的學者思想家所歡迎。那一夥學者思想家，把重商主義當做政治野心的工具，法國感受這種荼毒，非常痛切，他們對於農民的痛苦艱難，租稅的苛酷繁重，財政的紊亂狀態，非常悲痛，於是大家起來攻擊柯爾伯的政策，大倡改革的論調。到一六七年的時候，於是有伯格勒伯爾（Pierre Baguilebert）出了一冊書，叫做『法國事情』，快痛的攻擊政府的政策，到一七〇七年，他又出了一冊書，叫做法國形勢論」，把路易十四世時代的黑暗狀況，罵的體無完膚。再同是那一年，又有瓦彰（Marshell Vanban）出了一冊書，叫做『租稅論』，替農民大吐氣燄，於是重商主義的根抵，纔祇逐漸搖動起來。但是在十八世紀初頭三十年，重商主義，固屬有點站脚不住，而關於經濟學說的研究，還是像羅雪所說的，是非常沉寂的時代，沒有獨創的意見，僅僅祇有折衷主義的議論，由當時的一般學者們所倡道而已。

法國的改革運動

自經伯帕格伯爾們攻繫政府以後，沒有許久，革命的氣運，忽然之間，再行活動，一方面有盧梭（Jean Jacpues Rousseau）福祿特爾（Voltaire）們，想使社會的舊制度，完全破壞無遺的極端的破壞黨，他方面又基於平等自由的理想，去逐漸改造社會的笛多羅（Diderot）之溫和的進步派，溫和派雖然有編纂百科全書的計畫，但是還是基於改變舊制度，建設新制度的計畫，和屬於重農學派的經濟學者們有特別關係的，就是這笛多羅一派。這一派人的理想，一方面是想把現在的制度，完全變更，他方面却又想避免政治的破壞，他們的思想，雖然是和純粹的破不派，完全不同，至於他們的根本思想，還是把自然法做基礎的。而這溫和的革命之氣運，在經濟方面，由桂勒的天才，纔祇充分發揮。

重農學派和自然法

所謂自然法的觀念，是從希臘哲學家倡始，經羅馬的法律學者，傳到近世來的。大意是說：在這宇宙中間，人類的調和及利益，都是服從自然規律的，人爲的制度，是應當自把然的規律——即自然法爲模範；而事事依據他的，這個觀念，不是從宇宙萬象由於共存（Coexistence）和連貫（Succession）的一定不變底關係而說明的自然科學原理而來，也不是從因爲神人賜予人們最大的幸福；故此把智和愛是支配宇宙間一切的運動之神學的獨斷而來，是起原於形而上學者假定自然的實在。這自然實在所按配的秩序，最爲圓滿，最爲完全，因此人類的行動，一切都應當把他做模範的思想，這種思想，浸潤於人心；既深且久，在攻擊當時社會各種制度缺陷的時候，此種思想，是一種最有力的武器，有人把他拿來做攻擊社會風尚頹敗的材料，有人把他拿來做打破政府組織的要具，而重農學派，則把他拿來利用做改革歐州政府的經嚴方針的目的。

已經在根本思想上，採用自然法的重農學派，是把使當時法國人心動搖的盧梭輩的民約論做他們的政治見解，這是毫不足怪的。因為他們是把社會當做由有天賦權利的多數人組織成立的，個人因為想避免各自之自然的自由和他人的權利發生衝突，於是由契約而有社會的結合，政府也由此成立，因此政府的干涉，是祇能够到相當程度——使各個人間之社會的契約確實的程度，換一句話說：就是政府的唯一職分，在保護個人的生命自由財產，個人由勞力而可以取得之自然的結果，是個人的權利，應當歸於個人手裏的，再換一句話說：就是財產神聖，個人憑勞力而取得最多的東西，是應當要容許的，所以政府應當確保貿易的自由，競爭的自由，像專賣權或各種特權的各種制度，是一定要完全廢止的。

重農學派之政治的見解

重農學派從這種政治的見地，再進一步而從事於經濟的分解。他們說：『一』祇有由勞力增加於人類的目的有用之原料，就可以說是生產的，每年一國的財富，眞正增加，就是和除生產費以後所剩

重農學派之經濟的見解

餘的農產物，社會的幸福和文明的進步，是這樣純生產的分量決定的，『二』製造業者，不過抵把土地所收獲的原料拿來變更形體而已，這種原料由精製以後，所以增加的價格，結果不外乎成爲食料以及其他的費用而消費，或者成爲製造業者的報酬，而歸於他們的手裏，『三』商業不過是把已有之富和財貨，從甲方而轉移於乙方，商家所得的利益，就是國民損失，因此之故，務必要使商家得的利益很少『四』製造家，商人，自由職業者，以及其他農業以外的各種勤勞，實際上，雖然都是有用，但是他們的所得，沒條一點是完全由他們創造出來的，不過是分取農業者的剩餘所得而已，所以他們的勞動，都是無收獲的，『五』貿易的自由，不啻是天賦的權利，因爲他能夠使爲一切財富及一般進步之根據的純生產無限量的增加，所以政府應當以自由放任主義爲其政策的指南針，國家的收入，應當用最直接最單純的方法——卽如地租一類的單一稅而徵收，這就是重農學派所主張的經濟學說的骨子。

重農學派之

重農學派的學說，只把農業看做生產的，想極端的實行放任主

功績

義，是很反常道而且陷於謬誤，固不消說。他們把工商業看做不生產的，而輕視他，明明是關於生產沒有正確的觀念，生產是不僅只有生產『物』的作用，而且有增加「物」的效用之行爲，他們把增加效用這一層，完全忘掉了，不消說：是他們的錯誤。至於他們只盡野闡發自由放任的理論，極端主張個人主義，也不能不說他們是把社會共存的事實和社會共同行爲之必要，完全輕視的。而且他們主張，不論在盡麼時候，都適用自然法的理論，想用自然法來解決萬事，眞是太過於武斷了。不過因爲他們所主張的有這樣的謬誤和缺點，而就把他們所有的議論，都是一概排斥，也是決不得其當的。因爲他們生在重商主義潮流澎湃以後，政府對於個人的行爲，都要極端干涉，對於人民的權利和利益，妄事壓抑，他們撫時感事，憤懣不平，逼迫他們發揮反動的精神，所以所發的議論，往往趨於極端，失之過激，也是不得不已。他們雖曾經大膽宣言：『政府的唯一職分，就是在保護人民的生命自由財產，所以政府應當採自由放任主義』。不過他們在那個時候，發這種宣言，在打破重商學派之迷頑的政府萬能主義，伸張人民的權利自由，使個人之企業心勃發，國民之經濟思想發達上面，可以說是有很大效果，換一句話說：他們這種失掉常軌陷於謬誤的宣言，在刺激當時的人心，完成社會改革的使命上，是很有力量，但是他們的議論，雖然偏岩，而他們在經濟學上，却也有很大功績－把從來七零八落的經濟思想，整理統一，使之成為獨立的學問，關於這一點，是值得我們贊美的。還有他們明瞭地租有關係的純生產觀念，在稅正論理上，開一新生面，也是有可以注意之一點。

第二款　桂勒（Francois quesney. 1694-1774）

重農學派的名稱

使重農學派的意見完整為一部分實家及思想家之信條的，當然是桂勒的力量。屬於這個學派的人士，起初自稱經濟學者（Echon-omist），因為這種字義，頗欠明瞭，所以屬於這一派的一個人，叫做勒穆爾（Dupont de Nemoars），後來冠以 Phisiocrat（重農學派）字樣，為一般人所採用。Phisiocrat，是服從自然法的意義，桂勒的思想，受他的前輩人或同代的人之感化力最多，如坎梯倫如休謨（Hume）是最顯著者，桂勒由這一夥人所著的論文而啓發世的思想的同方狠多，這是事實、但是有人說顧勒(Sienr de Gournay)曾經供給桂勒各種知識，是不能不令人懷疑；因爲顧勒除了翻譯蔡爾德的書籍以外，沒有著過一部書，就是和桂勒交際，也是時間很短的，我們從他的書簡上考察起來，他也不是純粹自由貿易論者，不過是主張內地貿易要自由，至於在外國貿易方面，他還是主張應該課寬大的關稅。照他的這種意見看來，彷彿是不能使桂勒的思想，受他甚麼應響的。

桂勒的生涯及著作

桂勒以醫生出身，在一七四九年曾經做過薄蒲德(Pompadour)的侍醫，其次就於一七五二年，做路易十四世的侍醫，後來得閑便研究哲學和經濟，於是在許多的著作上面，發表很有力量之經濟的意見。桂勒吐露他『滿腹經綸』的著作，是和笛德羅(Diderot)達勒伯耳(D'olembert)幾個人共同編輯的百科全書中間之『農民論』(Fermiers, 1756)，穀物論(Grains,)1757「關於一國之經濟的政治一般定理」(Maximes generales de gouvernement economique d'un royaume agricole 1758)以及和這幾書同時出版的『經濟表』、(Tablena Economie avecsou explicateon, Ou Extrait des Economies Royales de Sully)，『商工業問答』(Dialogue sur le commerce etlcs travaux des artisans)等等，在這幾部書中間，只有『經濟表』這一部書，乾燥無味，過於抽象，因此不爲一般人所歡迎。但是屬於重農學派的人們，都把這部書當作這一派的綱領傑作。崇拜桂勒的人們，直把這部書當作人類知力最大產物中間之一，比如老彌勒博(Old Miraboau)就是把這部書和文字貨幣一併使政治社會格外堅實有力的三大發明之一。

桂勒的根本思想

重農學派的根本理想，是在自然法，前面已經說過了，桂勒在他的經濟學說中間，是肯定判斷；在這世界中間，爲保持宇宙的秩序而有自然的法則存在，同時又爲維持社會的秩序，而有人爲的法則存在，而且社會的秩序，是以宇宙的秩序之一部爲前提。人們要精確地領會，走到正道去的。他說道：『自然法和人爲法由理性認識以後，是屬於自己的權利的道西，和屬於他人權利的東西，纔祇可以明白地決定』。桂勒雖然是拿當時的天賦人權說來做他的經濟論的根據，但是他的結論。是和盧梭一夥人們的民約論，不大相同的。據他說：『社會是由人類的性情發生，不是偶然間所能組織的，人沒有同類的扶助，決不能够生存，因此社會組織，不但不能够打破人類的自由，且人們還由於社會組織，而其行動得以自由。人的自由這一句話、不消說關係的語句，我們實際上於內部的方面；外部的方面，都能够限制權利自由，這是在所不免的。要是和霍佈斯所想的，以為人對於一切的東西，都是有權力的話，那末便和說燕雀翱翔空中，對于蚊蟲有權利的話一樣，完全是沒有意義的。……人要是不毀傷他人以及他人的財產，那末便為本身的利益計算之無論何種權利，都是有的，以及無論甚麼番的權利，本身都可以使用的，人因為是自由的實在，自己的行為之主宰者，所以又是自己的勤勞之主宰者，是自由的勤勞結果之主宰者，從而不可不做和自己勤勞勞勤動結為一體不可分離的土地之絕對的主宰者，社會三大樞軸，是財產，自由，保證。』

自由主義及

桂勒採用洛克的學說而成立所有權辯護說，他不但祇說人隨心所

社會階級

欲，和無論何人買賣貿易，有交通貿易的自由，而耳說因爲自己知道自己最深，所以使各個人從心所欲，而營經濟行爲，就是以最少的費用而得最大的利益，以最少的勞苦而求最大的快樂之方法。桂勤由職業的區別，把社會分爲地主借地人以及工商業者三個階級：「1」以爲地主在社會上占最高地位，地主階級，一方是專司政治，在他一方面不僅祇有建設經濟社會，開墾土地，設置建物，排水灌溉等等關於農業上之必要的職務，而且是爲社會全體的利益，須臾不可分離的階級。「2」借地人，因爲是在實際上從事土地耕耨；對於土地繳納地租的，所以也是重要的階級，這種地租，是土地自然有的豐沃和加到土地上面改良的報酬，改良土地的報酬，從地租中間扣除以後的東西，。便是純所得，(Produit net) 這種純所得，有一半是歸於實際上從事農業的借地人手上，其實一半是歸於商工業者手上，所以這種純所得越多，在社會上可以使用的富力，便越發可以增加，從而可以分配於社會的一般人民的比例：也當然增加，因此農工業，便當然旺盛起來。「3」至於商工階級，不過祇把原料的形體變更，物質的場所轉換而已，所以不能稱他做生產的。總而言之，據桂勒所思考的，就是以爲在社會的各種職業中間，只有農業就是生產及增加富力的而且又最適合於人類自由的精神，因此是最當尊重的，至於商工業不能夠產生新的富力，所以不應當尊重他。

單一稅論

桂勒的學說中間頂有名的。就要算單一稅論 (Impot unipue)，據他的單一稅論說：「大凡說在社會上的一般人民，都是受國家保護，而且因爲有國家，纔祇能夠獲得利益，所以都有納付租稅之義務，這是錯了的。租稅不是課之於人，是課之於富，然而富之唯一財源，是出於土地，因此負擔租稅的，應當是由土地所生的純所得，現在假定要是對於各種目的物，都課租稅，那末租稅便會轉嫁，負擔租稅的，是當然歸之於土地的純所得，要是這樣，那就不僅祇增加租稅的徵收費，而且對於土地，是幾重課稅，結果當然是足以毀傷國富的，所以租稅應當是把純所得爲目的而課單一稅，總而言之，間接稅之結果，會成貧農，貧農就會成貧王國，貧王國就會成貧王」。其他關於人口問題，桂勒說：「食物是足以限制人口的，然而人口却是超越這種限制而繁殖的傾向」。他的這種說法，是和馬爾薩斯的說法有點相同。

第三款　桂勒的繼承者

桂勒死後和繼續杜葛（Anne Robert Jacques Turgo 1727-81）內閣的政治當局而起的反動，便給重農學派不少的打擊。這一派的同志，都散處四方，完全沒有糾合的機會，而對於重農學派批難的

重農學派的影響

聲浪，也逐漸起於四方了。然而來足足裏五十年重農學派支配法國的人心，就是不屬於這派的人們，也有不少的人數，信奉這種敎旨的。在路易十六世時代的政府，差不多爲實行重農學派要求的提案或延期實行等事幹忙殺了。比如法國在一七六四年的時候，穀物的輸出入完全自由，在一七八六年所締結的英法通商條約，多數物品的輸出入，得以自由，一七九一年的關稅法，把稅率減輕，其他如革命之際，改良稅法，看重地租，都可以認爲是重農學派的直接影響

法國方面的

在法國方面租述桂勒的學說，努力鼓吹重農主義的重要脚色，則

祖述者

有彌勒博（Victor Mirabeau 1715-89）勒慕爾（Dupant de Nemeurs）杜葛李飛（Mercier de ea Rivere）四個人。彌勒博在他所著的「人民之友」（一七五六年，）「人口論」，（一七六一年，）「租稅論」（同上），「經濟論」（一七六九年），「農業論一七六三年各書中間，宣傳重農的敎義，勒慕爾在他所著的「穀物輸入論」，「新科學的起原及進步」（一七六七年），東印度公司的商業」（一七六八年各書中間），吐露他的經論，李飛在他所著的「政治社會之自然的及要素的秩序」（一七六七年）這冊書上，表示有趣味的自然法之思想。在桂勒的承繼者中間特別著名的，就是杜葛，他初做某州的行政官，後來做到財政總長，關於他的政治活動或辭職事件，財政計畫的失敗等等，都是津津有味的歷史小說。然而在這裏却沒有記述這種事幹的餘地。他的經濟意見，不僅只在他所出告示訓令以及信札等等，可以知道，就是由他所著的「富之生產及分配」一冊書中間，也可以完全知道的。他這冊書雖然簡單一點，但是闡明經濟學的根本原理，却是包括無遺。中間雖然有多少謬見，然而他論列各種問題，尤其是他論列土地經濟之各種方法，資本使用之各種方法，以及利息之適當事體，頗為得當。加以思想表示的方法巧妙，見解的布置適宜，篇幅很短，而能够包括可驚的多量事實各點，都是使他在經濟的文獻上增長聲價的緣故。

意大利方面的祖述者

重農主義既然在法國聲勢浩大，同時就是在意大利西班牙各國，也有著名的經濟學者相繼出來，鼓吹自然的自由思想。在意大利方面，先有柏嘉利亞 (Marchese cesare Boncsana de Beccaria 一七三八年——一七九四年) 其人，在他所著的經濟原論(Elementi di economia publica)中間，攻擊專賣權特許權，技術上以及商業上的同業公會，把工業家當做不生產的職業，只把農業當做生產的職業。他主張在外國貿易方面，固可以採用保護政策，在國內貿易方面，還是一定要施行自由政策的。他的經濟學說，是極簡單而且是率真的。他們解決一個問題，對於詞藻，是不加潤色，只把問題的要點，率直的說明，所以他的著述篇幅很短，而內容極端豐富。他的學說中間關於說明分工及各種職業所生工錢差別的理由部分，比起亞丹蜜斯來，解說雖欠周到些，至於他的實質，是完全相等的。其次則有利韋（Pietro Vierri. 1728-97）著商業原理（Principalmente nel commercio de grani 一七九六年出版）一書，主張防止饑饉與物價之急激高下的策略，就是在貿易自由，對於政府干涉國內貿易以及同業公會物價和利息的限制，他都澈底反對。其他在意大利方面和前面說的兩個人同時起來的，則有嘉利（Giovanni, R. Carli. 1620-95）費蘭智利（Gaetano Filangieri. 1752-88）李西（Ludovico Ricci. 1242-99）潘里蒂（Ferdinand Paolette. 1717-1801）這一輩子，嘉利曾經做了一篇論文，發表着實的自由貿易意見，費蘭智利曾經著了一部書，憑非常的熱誠和雄辯，來提唱極端的自由貿易，李西在他所做的報告書中間痛論無差別的貧民救恤之弊害，潘里蒂也於一七七二年著了一冊書，主張穀物的自由貿易，意大利的國境以內，也便傳播起革命思想來了。

西班牙方面

十八世紀的革命新思想，在西班牙方面，則由羅德立伯爵（Pedro Rodrigueg, Count of Campomanes. 1723-1802）代表，也是

的祖述者

西班牙的宰相，很熱心研究經濟，曾經著了幾部書，主張穀物的自由貿易，減輕農民負擔，除去產業上的妨害，把西班牙國民相信金鑛致富的老毛病，盡力攻擊。

英德重農思想不發達的原因

重農主義，雖然曾經傳到德國去過，不過德國人士很少有科學價值，姑且不述。再如英國是把商工業當做立國基礎的國家，差不多是沒有插入重農學派思想之餘地，這是很明瞭的。

第二節　正統學派

第一款　緒言

正統學派

曾經重農學派一度弄成私學的方式之經濟學，憑亞丹斯密的天才集其大成，於是在經濟學的歷史上，便開一新生面。亞丹斯密的「原富」，自在英國的出版界一度表現以來，多數的學者，靡然從風，後世便稱做正統學派。正統學派的學說，是淵源於重農學派，這是不可爭的事實。他們和重農學者，同是容認自然法則的存在，鼓吹自由放任主義，以個人的利己心當做支配經濟的大理法，放任個人的利己心，使之行動自由競爭的結果，便足以增進一般公共的利益，政府不過只有把自由競爭的障礙除掉，保警社會的安甯秩序之職務。歐洲各國所採用的保護政策，世襲財產制度，主張應該將他完全廢掉。

與重農學派的差別

正統學派的議論，比起重農學派來，是有系統些。他們把重農學派以爲：「商工業不是生產」的迷夢，完全一掃而空，至張凡由人的勞動而使財貨增加價值的職業，都是生產。重農學派只把農業看重，對於商工業却極力輕蔑，他們却說商工業在經濟上比起農業來要有益些，這是他們兩派的差異處所。不過只可以說正統學派是重農學派比較價值的學說吸收進來，同時基於學理的論據，而別開生面。正統學派自亞丹斯密創設以來，由李嘉圖馬爾薩斯們開始，到穆勒約翰纔祇完成。

第二款 亞丹斯密的先鋒

十八世紀初期的英國

英國當十八世紀的初葉，關於經濟的研究，非常沉寂，到一八三十年左右，纔祇有人發表論文，陳述非重商意見，於是經濟學界上，逐漸帶着活氣。後來一代的大思想家休謨出世，英國便突然成經濟學說的中心。休謨的議論，雖然簡單，却在許多的論文中間，發表經濟上的根本概念。在休謨以前洛克的時代，經濟學說，雖然就稍稍具備學問的體裁，但是祇有一部分，而且不大完全，到休謨纔祇成最進步之批評的哲學。像恩格蘭所說：「他之出現於經濟學界，是有使經濟思想和人性及一般人類史上最大最高的思想發生關係的傾向」，這也是事實。

休謨的

休謨 (David Hume. 1711-76)

他的經濟論文，大多數是載在一七五二年出版「政治論」(Political Discourse)中間，其他則載在次年出版的「論叢」(Essays and Treaties

著作

on Several Subject) 中間，其中最重要的，是商業論，貨幣論，利息論，貿易差額論。這些論文，在外表上看來好像沒有甚麼關係，仔細觀察起來，全部的論文，都是有一貫的思想，在某種意義上，自成一經濟系統。知識淵博，見解中庸，因爲情感的深厚，議論的雄健，很惹社會的注目。加以他那犀利奇特的眼光，流麗暢達的文筆，奇巧奧妙的敍述，於是使他的這些經濟的論著，在當時的思想界上，巍然首屈一指。

貨幣論

休謨在他著的貨幣論中間，批難重商學派，把富和貨幣看做一個東西的錯誤，他說：「無論在那一國，眞正的勢力，是人和財貨，而一切的勢力富力，是由一國國民的總額而成，貨幣不過是使商業機關的運轉更爲圓滑而容易的東西而已。譬如機械的油一樣，……在一國中間，貨幣達到絕對的多數，是決不足重視的事體，一國的貨幣要是過多，就會使物價騰貴，因此把從內國市場放逐外國的顧客，也當做有害的事體。他關於貨幣價格，曾經發表貨幣數量說的意見，他說：「假定在一國以內，一方可賣的財貨有一定分量，他方可購的貨幣有一定分量，要是祇增加貨幣數量，那末貨幣各個購買力，固然是可以應其增加數量的成分而減少。至於貨幣總額的購買力，還是依然不變的，反是，要是貨幣的數量減少，那末；各個的購買力，固然是可以增加，至於總額的購買力，還是同是一樣」。但是休謨雖然相信貨幣數量說，却又想到在一國以內所增加的貨幣分量，充分散布以後，凡在貨幣增加部分的各人購買力，就會添增，對於某種財貨的需要，就會加多，結果會使產業發達的。休謨不和一般人一樣；深恐貨幣流到外國去，只說在自由制度之下，應貿易要求的金銀分配，是決定於自然的——即「政府對於人民以及製造，注意保護，雖然大有理由，但是關於貨幣，對於外國，應當不要恐怖；不要妬嫉，完全聽憑各人自由處置」。這就是他關於貨幣的理論。

利息及商業論

休謨關於利思的議論，和一般人不同；他對於世人所說的「利率低下，是因爲貨幣在國內的流通額過多」的話，大加駁斥，他說：「利率低下，是人民勤勉，節約，以及技術進步，商業繁榮的結果，是表示一國繁榮狀態的徵候，大可慶賀的事體」，他的這種說法，把經濟學者往往忽略的人類性情之機微，闡明盡致，貢獻於學問上的實在是很大，關於商業，他也有獨到之處，他說：「商業貿易，是由勞動的國際的分工而來，因爲這樣，所以一國的繁榮，不但不足爲他國的貧窮，而且還幫助他國之繁榮的」。又說：「我是人類之一，不但只希望英國的貿易隆盛，同時也是希望德國，西班牙，法蘭西各國的貿易隆盛之一人，然而歐洲各國尤其是英國；在國際貿易上設種種障礙，覺得不大可以的」。但是休謨的話雖如此說，在某點看來，却又不能夠認定他是自由貿易論者，比如他爲獎勵英國的製造業之故，主張從德國輸入來的麻，應該課稅，又爲英國在殖民地擴張「勸姆酒」的銷路之故，主張應該對於「白蘭地」課稅，這是頂顯著的事體。

對於貿易差額的駁斥

休謨的經濟議論之中頂有名的，便是對於貿易差額說的反對論。據他說：「要是從外國輸入貨物，那就便須用本國的輸出品來支付代價。要是從本國輸出品，而外國物品沒有輸入的時候，便須輸入貨幣做代價。但是有時貨幣在國內的流通額增加，物價就會因此騰貴，必然要輸入外國品物進來纔行，要是永久保持着從外國流入貨幣的狀態的話，是決沒有希望的」。他對於重農學派的單一稅論，力加反對、關於公債，他對於「公債有益的」議論，極力排斥，他對於因爲募集公債而及於國民企業所需要的金額，把現代的負担流傳到後世子孫，認定這是近視眼的政策，極端的非難。

總而言之，他的長處和特徵，就是在研究經濟的時候，常常把人類之政治的現實生活放在心坎裏；研究經濟的事實却注入歷史的精神，他的超羣絕論之處，也就在此。他關於各種產業之相互的作用，予以巧妙的說明，

休謨的功績

又在考察古今社會生活之對照以及可以做社會發達的各種現象方面，也是盡量的發揮其天才。亞丹斯密受休謨的感化，是毫無容疑的事實亞丹斯密在富國論的序文上面稱讚休謨是現代最卓越的歷史家，哲學家，後休謨臨死的時候，他批道道：「在這人類弱點頂多的中間的他，恐怕是一完全無缺智德俱備的人罷」！我們依他的這種評語看起來，就可以知道他是怎樣敬服休謨的了。

第三款　亞丹斯密（Abam Smith. 1723-90）

亞丹斯密在經濟學上的地位

亞丹斯密雖然不和一部分人士所想像的一樣以爲他是經濟學的創設者；是起首纔把經濟學立於穩固的基礎上面的，但是他在世界的經濟學者當中（自他出生止以後不算），是頂偉大的一個人，這是毫無疑義的。經濟的論說，在亞丹斯密以前就已經條理整然，組織嚴密，這是不可爭的事實，在亞丹斯密委身於經濟研究之時，經濟學就已經在很進步的道路上了。然而博識多聞，把關於經濟上的事實和經濟上的理論所有的材料，一齊收攏求，放在自家的理想圈內加以整理；加以綜合，一方面匡正重農學派的誇大的傾向，他方面又把重農學派所領有的各種美點，加以潤色，用歷來無論何人所不能企及的巧妙分類法來解說其所說明內容，同時又從豐富的材料中間抽出一般的原則，於是纔使經濟學在社會科學中間保持確定的地位，這不能不說是亞丹斯密的力量。亞丹斯密固然也有把他人的意見和考察做基礎，而所以能够成爲經濟學的泰斗；令後人崇拜不置的，也就是由於此點。羅雪批評亞丹斯密道：「亞丹斯密鎮坐於經濟歷史的中央，在他以前所論著以及在他以後所論著的，都可以認爲是替他準備或者是替他補充的」。他的這種說法，除掉社會主義學派以外，也並不爲過。

亞丹斯密的研究方繹

關於亞丹斯密在其不朽的名著——「原富」(Wealth of nations)中間所適用的研究方法，各個人所認定的見解，就不大十分相同，比方當時就有人這樣說道：「歸納法在當時，蘇格蘭還不知道，就是在學者中間，也還沒有勢力，因爲這樣，假令亞丹斯密在少時代，把這種法則硬送到英格蘭去，但是却爲故土的習慣所限，所以他還是適用演繹法」。這是某某歷史家的推斷，其實歸納法的精神，使蘇格蘭的思想家不受感化的這種說法，完全和事實相反，當時蘇格蘭研究各種科學，都是用歸納法，而且孟德斯鳩的學風，非常興旺，這是很明顯的事情。總而言之：他的著作，所以最使人敬服的，就是在常常留心於各般的社會的事實，還潤大犀利的觀察，從這中間發見各種事實的特徵之大技能，而却不在用精巧的推理法來從若干抽象的原理中間抽出結論這一點。一般人讀他的著作的時候，每每所以感覺要和社會的現實生活接觸，也就完全由於前面所說他一點。

演繹法

亞丹斯密不但祇用以一般人周知的事實爲前提之合法的演繹法，就是如重農學派所想像的以事物之自然的秩序是調和的善導的之半理性半神學的假想爲前提之不條理的演繹法，也是使用的。所以立脚於澀觀察所得的事實之時，他的理論是極其健全；極其公正，否則就往往陷於極大的謬誤。比方他關於人類就有下列的見解；他說：「人都是祇以利己爲目的，這是出於天然想把這樣的理性賜予人類來增進社會幸福的深意，決不足憂的。人雖然是以私利爲目的而行動，但是各個人每值利己的行動之際，而無形之手——即自然，却驅迫人於不知不識之間，使向不如他們所豫期的社會幸福的大道前進）。亞丹斯密在他的經濟學說中間，固然沒有明言此事，但是他的這種理論，往往寓於他的思想的地盤中間，這是毫無疑義的，因此，他便往往誤於事物的觀察。不過他的圓滿資性，却不使他陷於格外的謬誤和他的祖述者那樣多罷了。

孟德斯鳩的感化

加以亞丹斯密因爲是受孟德斯鳩的學風的感化很多，所以能够從自然法說中間矯正理論的偏見。在孟德斯鳩時代，人生科學的研究，固然還不和現今一樣，採用適當的歷史之研究方法，但是這位的大思想家，却是把事實的觀察做根據，用歸納的去下斷定，這是毫無疑義的。到亞丹斯密時代，學者每於考察社會的事實之時，就探求各國所有之物質的或道德的特殊事情的風氣，逐漸旺盛，孟德斯鳩讚賞者；晚年想做「萬法精理」解說者的亞丹斯密，爲孟德斯鳩的感化和這種時代的傾向所促使，於是便取歸納的研究態度。固爲這樣，所以亞丹斯密便被兩個完全相反的考察法所支配：「1」自然的方法，乃爲人的利益而設，經濟的組織、是以利己爲根據而成立的想像，「2」觀察實制的制度或事情去闡明社會的現象之通則的思想。我們在他的大著上面，所以一方面看到歸納的考究，他方面看到基於自然的假想之先天的思索，兩者併存的原因，大抵不外乎此、

亞丹斯密的

亞丹斯密於一七二三年六月五日生於英國蘇格蘭之刻科狄（Kirkcalby），幼時進格拉斯哥大學（Glasgow College）和牛津大學（Ozford College），到一七四八年便在愛丁堡大學當講師，担任文學，經濟，一七五一年充格拉斯哥大學教授，第二年又担任論理學講座，他的「道德的感化論」(The theory of moral Sentiment)，就是在這時候起草的。後來於一七六四年離開大學而充某侯爵長男師傅，隨着侯爵長男旅行歐洲大陸。他滯居巴黎整整十一個月之久，和桂勒，杜葛，福祿特爾諸人，都有親密的往來，後來便回故里積十年鑽研工夫，做了一部著作——原富，這部書一出，而他的大名便喧騰遐邇，再過幾年受任爲蘇格蘭關稅局長，以一七九十年卒於位。

生涯

原富的大意

他的原富（或名富國論），是由五部而成，第一第二是關於純正經濟學之一般理論的，第三述生產的歷史，第四載對於重商學派重農學派之廣汎的批評，第五則論列國家之政策問題——尤其是財政問題的大體。他開宗明義便說明勞力問題，他說：「對於各國民供給年年消費生活之必要和便宜的一切財源，就是各國民的勞力」，可謂「一語破的」。因此他被一部分學者非難，說他把關於生產的天然力量和資本的必要，完全一筆抹殺，其實，他還是決沒想到祇有勞力就是生產的要素的。他爲要把他的學說和重農學派的主張，根本不同點闡明，於是便高唱生產國民所消費的財貨，不是天然而是人的活動，而且在人不活動的時候，認爲天然無用而且是無收獲的。他又一反重農學派只把從事農業的便是生產的階級，其餘的人們都是認農業階級從土地所收獲的餘剩以爲活的主張，而獨抒己見，他說道：「生產是由社會各階級所經營，是由交換手段所結合之共同企業連鎖的結果，不問商業和工業，只要增加物之交換價值的勞力，都是一切生產的勞力。關於這一點可以說他脫掉重農學派的偏見，在勞力的理論上面，另有進境。但是他承認生產是社會各階級的共同企業，而把生產的意義只限於有體物之產出，如奴僕，行政官，軍人，僧侶，裁判官，醫師，著述家的勤勞，都說是不生產的，這不能不說他是表示思想矛盾。爲甚麼？因爲從國民全體看來，要是這些人們，都互相忠實地盡職，是使一國的生產減退不會頂大的。其次：亞氏把增進勞力的效果之方法，都歸之於分工，當說明分工的起源，分工的性質，分工的利益及其範圍的時候，便充分表現無與比倫之敍述力。他把分工的起源，歸之於人類固有的性情，在行分工以前實有蓄積一定資本之必要，實行分工之相宜與不相宜，是由於市場的廣狹，實行分工之際，相互之間，便發生有餘不足彼此交換之必要；而且交換頻繁，交換的媒介物——貨幣的使用，便從此起首。他又舉製針的例子來說明分工的利益却是很大的，他說分工增加從業員的熟練，做事互相交替，而時間的浪費，便可因此節約、並可以做促進發明改良的動機，他的這種說法，是一般人所深知的。亞氏關於價值問題，有精細的研究以後，於是便有使用價值（Value in use)交換價值(Value in Exdhange)的區別，前者是於滿足人類慾望的効用有關的，後者是對於互相交換之生產物的適應——購買力的大小沒有關係的，比方空氣，水，光線之類，使用價值極大，而却沒有交換價值，反之；如金剛鑽之類，交換價值頂大，而使用價值，却又頂小，就是很顯著的例子。他又把以上所說的價值的區別獨立來說明自然的價格（Natnral Price)市場價格(Market Price)的觀念。他說：「物之自然的價格，是足以償還地租，工錢以及資本之利潤的，市場價格，是由人對於生產物之供給額的任意需要爲比例決定的。所以市場價格，有時比自然價格昂騰，有時又比自然價格低落，市場價格爲自由競爭所尅制，而以自然價格爲中心，不時高下的。土地有特質地位或由於法律上的特權而有獨占性質之物品的自然價格，因爲須要者要買時可以到最高，而屬於自由競爭之物品的自然價格，因爲供給者要賣時又可以到最低，卽在某種時候，用最高最低之價得以繼續營業」。他又自己設問價值的標準是甚麼？卽與他物交換的時候，某一物品的交換量，是憑甚麼決定的？旋又自己答道：「勞力就是一切物品之交換價值底眞正標準，勞力的同一量，又在一切時候一切場所，對於勞力者都有同一的價值。所以祇有勞力就不能獨自變更其個目的價值，因此在一切的時候和場所可以計量一切物品價格之眞本位，除了勞力以外就沒有別的東西了。勞力是物品的眞價(Real Value」貨幣不過是名義上的價值而已，然而貨幣在世間上實際交易之際，却是價格的標準；又是交換的工具。在適度的長時間，貴金屬是完全不變他的固有價值的，固然是可以做價值的標準，然而是要時間極長的話，那末以穀物為本位，比較還適當些。在太古時代，物品之交換價值，是憑用之於生產的勞力分量而決的，一到比較進步的時代，物價混雜，大極普通都是由工錢，利潤以及資本三個要素而成的。

資本論

亞氏分解資本的種類，性質，作用及其使用的時候，也和分工論一樣，極其玄妙；而且越發完全。他的資本的說明，很能够表現他那慧敏的才能和用到的思想。他先論資本的種類，他說：「人的總財產，本由(一)供自己直接的消費，(二)為得歲入而使用的兩種而成的，後者就是資本(Capital)。資本又可以分為兩種：(一)固定資本(Fixed Capital)，(二)流動資本(Circulating Capital)。固定資本是不把所有權移轉於別人而得生利潤的資本。流動資本是由於收獲，製造，購買等等方法而取得，為求得利潤；或為求與他種貨物交換而賣却的財產而成的，所以這種資本，不時移轉，最後仍是物歸原主。固定資本是由於(一)器械，(二)做獲得歲入方法的建築物，(三)農業上的改良，(四)個人所有的材能而成，的流動資本是由(一)貨幣，(二)在掮客手裏的貨物，(三)原料，(四)在製造人商業家手上的完成品而成的。把種類分拆清楚以後，進而論及資本的蓄積。他說：在社會的人員中間，只有生產勞動者就是由資本支給的，至於不生產的勞動者以及毫不憑勞動的人們，都是憑歲入支給的。在產業進步的國家，每年的資本產額，是以消費的部分為比例而增加的。節儉是增加資本的源泉，是專為維持生產的勞動者增加基金，因此使之越發從事於很大的產業活動。反之；浪費是蠶食資本，減少生產的勞動力之分量，剝削國富的，其所浪費無論內國品也好；外國品也好，結果同是一樣的。所以浪費者是社會的仇敵，節儉家是社會的仁人。要是想從土地及勞動來增加每年所生產物額，那末，便一定要增加勞動者的人數或者增加勞動者的生產力。不過無論採取那一種方法，而增加資本，總是第一樁要緊的事體。為甚麼？假如要取第一種方法的話，那末，便要資本支給新的勞動者，要是取第二種方法的話，那末也是要適當的資本去準備各種器械從事改良物品以及行越發充分之分工的，

利息

他再次因為講資本的蓄積，於是便聯帶論列賃金及利息，他說：「在通常的貸借方面，借主所需要的貨幣的購買力；不是貨幣，即貸主貸予借主的東

論

酒，不是貴金屬，而却對於每年在其國內所生的生產物有能屋請求一定分量的權利。一國的資本總額增加同時各部分——個人的資本也是增加，其資本的所有者，自己沒有把資本使用於生產事業之必要，於是便借給他人使用而收其所得之一部分，這就是發生利息的原因。因爲這樣，要是可以用之於借貸的總資本額增加，那末利息也便因此越發低落的。這到不單是由於「物品數量增加之時會使市價低落」之一般原因的，是因爲資本增加以後，而資本收利的用途，越發困難，卽資本增加，貸主之間，便會大起競爭，而支付使用資本的報酬之利息率。也便會因此減少的。……在某種國家固然也有用法律來禁止利息的，但是禁止利息，是增貸主的危險，從而助長因貸借而發生弊端的。要是想勉强設法定的利率的話，那末，法定利率，只少也要比最低的市場利率要高一點。何以故？凡借金錢而對於利率的高低無所顧慮的，只限於投機業者和浪費者，彼誠實的良民，要是利率不低的話，他決不借來使用的，因爲這樣，假設法定利率過高，結果，良民不能借而且不願借，只有使投機者一流人單獨享受利益。

資本的使用

亞氏更論資本的使用說道：「資本相同，因爲使用的方法不同，而於生產的効力上便會發生非常差異的」。資本使用的方法，可以大別之爲四：(一)土地礦山，漁業的改良，(二)製造，(三)躉賣，(四)零賣。至於在農業方面，是天然和人類共同行動的，因此在農業上所投下的資本，不僅只生利潤，而且可生地租。所以農業使用資本所得到的利益最多，製造次之，躉賣又次之。再要精細地把他分拆起來，內國商業第一，關於消費的外國貿易次之，運送業則最下。大凡這樣事幹之資本的使用，不僅只有利益而已，同時還有一樁必要不可缺的事幹，要是對於個人的企業自由放任的話，那末，資本便自然會走到適當的使用方向去的。

自由貿易論

亞氏也是和重農學派一樣，關於生產貿易，想盡量多予以自由的。他攻擊奴隸制度，農奴制度，封建制度，同對於專賣特許公司，法定工資，法定制率，保護金，輸出輸入的禁止，高率的海關稅，都是排斥的。他雖然和重農學派一樣，是以自由放任爲其思想的骨幹，但是他却比重農學派高一着，自從比較高遠的前提去推論的。重農學派的經濟的立足點，是在增加農民階級的利益以及土地的純益，反是；他的前提，是在乎個人的利益主義以及一般的利害的調和。然而亞氏雖然是主張這樣的自由主義論，但是他無論在甚麼時光，却不是想貫徹這樣的自由主義之人。比方他批評克倫威爾的航海條例說道：「是關於商業貿易規則中間最巧妙的一種」，又如他雖然反對禁止羊毛輸出，然而他却又說課羊毛的輸出稅，是很適當的事體，如提倡組織股份公司予以一時的特許是比較有利益的事體等等，都是很好的佐鳥。

他論列貨幣流通問題的時候，便論及於貴金屬，貨幣，市價，信用，銀行各種問題，旁徵博引，豐富無比。又在分配論下面說明地租，利潤，工資的法則，尤其是把因為地方職業不同而工資也便因此差異的原因，分拆指示，極為精細。

工資及利潤

我在這裏沒有把他的全部議論詳細介紹的餘暇，只把他關於利潤，工資，地租的大旨，略述一二。據他說道：『在進步的社會，物價普通是由工資，利潤，地租三要素而成的。工資是勞力力的報酬，利潤是資本主把他蓄積的資本使他人使用，由其使用的對價而向使用者收其所得之一部分而生的。至於地租是一國的土地變爲私有財產以後，纔祇發生的。而這三個要素，是由於社會情況而變化的，第一：工資的定率，固然是一方由於傭主和地方由於勞動者的競爭而定，但其最低額，不得低於得以贍養目己及其妻子的最低額，一般的說：不得下於足以維持家族的最低限度，工資昂於這最低的定率以上時候，是由於該國的情況及其勞力的需要如何的——即工資是隨該國的資本增加而昂騰，隨富力的減少而低落的。第二：利潤的變化，也是被該國的情況所支配，雖然和工資相同，不過有取反對方向之差別——即資本增加，資本主相互間惹起競爭，便會發生使利潤低落的傾向。原來利潤無論職業怎樣不同，只要是一個地方，總會完全均等；或者會發生奔向均等的傾向的。爲甚麼？要是某種職業比他種職業的利益多些的話，那末；一般人會齊集於此而使其利益平均的。反是；工資隨職業不同者，是由於職業的快感和不快感，學習的難易，危險的多寡，國家政策的作用，以及其他種種原因的」。

地租

其次關於地租，亞氏論列如左：他說：「地租不是以地主所得請求爲標準

論

；是以耕作人所得供給爲標準的獨占價格。大凡把農產物拿到市場，必是足以償還對於農產物所下的資本和通常的利潤的。要是農產物的市場價格，償還此等費用之外還有剩餘，那末；這種剩餘便應當作地租而歸之於地主，不生剩餘的時候，當然對於地主沒有供給地租以之餘地。所說地租是購成物價的要素，而和利潤工資，自自然不同意義，換一句話說：就是工資利潤的高低，是物價高低的原因，地租的高低，是物價高低的結果。」

國家干涉的範圍

亞氏關於國家的職分，不是和一般人所想像的絕對不干涉主義，他主張幾屬收支不能相抵的公共事業以及公共設備——國家於國防，司法事務，商業的便利以外，爲使人民的教育進步之故，應由政府獎勵青年受需要的教育，而且主張强制教育，他的方法如下：「無論何人非經試驗以後，不得加入何種團體，不得在任何市鎮鄉以內經營商業。」最後他從「社會爲公共利益計而有處分個人一部的利益之必要的前提而發出，而把(一)歲出的性質，(二)租稅之種類及其經濟的効果，(三)公債等詳細明說。」特別是亞氏所思考的租稅四大原則，在財政學上最被人看重，這是一般人所深知的。

以上所說；是原富的大要。亞氏的原富，爲後世的經濟學者完全作爲經濟上的原理之公式，加以採用或批評，我爲篇幅所限，只能略述一二。我末了對於原富論，也試行二三批評：

對於原富的批評

(一)我雖然不和亞氏的祖述者一樣把原富當做經濟學的經典，無條件的信仰，但是却又不和德國的一派學者一樣毫不客氣地加以非難，而且相信這樣非難是不得當的。(二)某學者貶黜亞氏缺乏創造的才能，他的原富不過是迎合前人的議論而已，但是這是不大得當的，何以故？亞氏可取的地方，不是在獨抒己見一點，是在把亂雜無章的經濟學說打成一片，憑公平的判斷和非凡的見識來把他取捨排列，於是集經濟學的大成。(三)有人責備亞氏說他的用語是非科學的，而且組織排列備極散漫，其實在當時科學沒有進步的時代，用語務求嚴格，區分務求完整，不能不說是特論太苛。況且起草原富的意思，是在教訓當世的政治家，實業家，而且全篇的結構非常完整。(四)其次對於原富的非難，以為亞氏所說，大部分是立脚於形而上學的十八世紀之消極的理論產物，偏在一方，這恐怕是對於他評論當時的時勢；攻擊重商主義的部分加以非難。然而我們要知道亞氏的重要使命，就是在破壞當時的經濟制度，使國民知道當時的政府指道新的經濟運動，極不適當，而他的功績，却也可說是就在這一點。而且他要完成以上所說的破壞使命，同時便對於國民的思想和生活之有機的就組織上予以新的準備，不僅只在經濟學方面，把先人的誤謬偏見，多所匡正，為眞理開拓地盤(資本主義經濟的眞理)，而且關於經濟的事實和思想方面，把正當的解釋和實際上的教訓以及各種有光彩的暗示，昭垂於後世，他的這種豐功偉烈，恐怕不是後世的資本主義經濟學者所能及到的。(五)肾德布蘭(Hildebrand)以及其他的學者，非難亞氏是極端的唯物論者，固然不是沒有根據的攻擊。亞氏的確在習慣上側重個人主義，把個人看做不顧同胞或一般社會的利益，只管是為私利而活動之純粹的利己的動物，如恩格蘭也以亞氏不把人類之道德的目的放在眼中，不想把富當做達到生活越發高尙的目的之手段，因此便非難他是唯物論者，這也是不得已而云然的。然而亞氏却不如人所想像的一樣，决不是本來的難物論者。比方他在他所著的「道德的感想論」上面，論列人類在倫理上的職務時候，就主張人在倫理上之職務，就是在勵行正義；涵養德行，他說道：「人有自然的性情，要是對於他人，也和對於自己一樣的念頭，那末，就是使人從其自然的性質而自由行動，也不要緊」。這是他認識人類之精神的價值很明白證佐。不過他在原富中間，假定經濟的人（Economic mon）完全是由於利己心而活動的，這是論理的結果，認爲由於人性之慈然的觀念而發出，是很正當，所以纔有此假定的。（六）在亞氏的學說中間，說他前後自相矛盾的地方很多，也是大有理由的非難，比方他說地租是構成價值的要素，却又說地租的高低是價值高低自之結果，又如讚揚克倫威爾的航海條例，主張應當賦予某公司以特權，都不能不說是和他的根本主義完全相反。雖然如此，但是從全體看起來，不過是白璧微瑕，不足深責。其他也有以爲亞氏伸張個人的自由仰制國家的職務，而便因此反對他的，雖然如此，其實這是時代的必要；同時也是時代的思潮，安能把今日的時勢去論當日的事情。

第五章　最近代

總而言之：亞氏的原富，雖然不免包含有多少缺點和多少矛盾在其中間，然而因此把經濟學的面目得以嶄然一新的功績，是不能不充分承認的，換一句話說：就是把經濟學廓清重農學派的偏僻見解，脫掉神學的獨斷，在人生科學中間，至於有確定的地位和明白的目的，這實在不能不歸功於這部大著作的力量。因此這部書的眞價，忽然間爲世人所公認，在生前既已印了六版，歐洲各國都有譯本行世，當時的學者，政治家們，有不把這部書完全閱過的，可以說是沒有。

亞丹斯密的功績

第四款　亞丹斯密的祖述者

第一項　英國

馬爾薩斯(Thomas Robert Malthus. 1766-1834)

馬爾薩斯的涯生

自亞丹斯密的原富行世以來，足足裏二十年，英國的經濟學界，非常沉寂，到一七九八年突然有一個人出了一部匿名的小冊子，一般人心大爲感動，這册書就是馬爾薩斯的「人口論」第一版，其時的標準題是：(An Essays on the population, as it affects the Future improvement of Society, with remarks on the: speculations of Mr. Godwin, M. Condorcet, and the other wirters.)。馬爾薩斯是一七六六年二月十四日生於英國之蘇立州(County of Surrey)的路克拉(Rookery)的。是達尼爾馬爾薩斯(Daniel Marthus) 的第二個兒子。十九歲時進劍橋大學的 Jesus College，四年畢業，成爲 Jesus College 的校友，一七九八年入英國教會的僧籍，在故鄉的教會充牧師。他的父親是鄉村中間有名紳士，很贊成法國的康多塞(Condorcet)及其本國的葛德文(Godwin)所主張的「社會的善惡，是起因於人爲的制度之不完全」，馬爾薩斯則常持着反對的意見，於是他覺得口說更不如筆述之能更行明白地把自己的思想發表出來，遂把他作成文章，其結果就是這個有名的「人口論」第一版先。

人口論與葛德文

我爲介紹馬爾薩斯「人口論」的大意起見，便先把葛德文的學說，略微介紹幾句於下。「社會的弊害，是由人類制度之缺陷而來。社會上的財富分配，極不平等，或多或少，甚至或者竟無一所有。所以應當各人的勞力來公平的分配財富，各人濄僅少的時間之勤勞去得充分的生活之資料，因此便可以發生多少餘裕去啓發知識；成就德行。理性要是可以決定人類之行動的話，那末，政府以及其他的權力，會歸於無用，人類便可以從眞理之和平的影响上建築至善與幸福於地上了」。這是葛德文所著書籍的大意。馬爾薩斯和葛德文的意見，完全相反，他說道：「沒有食物，人類便不能生存，這是很明顯的事情，人口常常有可以超越食物之範圍而增加的傾向。但是在日常的實際生活中間，因爲獲得食物困難之故，而這個傾向，便大受限制。倘若普通一般物資豐富，而這種傾向不加限制而自由活動，因爲人口增殖的結果，食物會要缺乏，修養智德的餘暇，忽焉消滅，元來的生存競爭，不幸再起，世上當然會復陷於不平等的狀態」。這是馬爾薩斯人口論的大旨。

起草人口論的動機

馬爾薩斯起草人口論的原因，已如上述，至於使他懷抱這種思想的動機，完全不能不歸之於當時的情況。當時的英國，正是所謂產業革命的時代，紡織器械，蒸氣機關，以及各種機械的發明，接踵而出，產業的發達，異常迅速，大規模的工業，非常流行，鄉村農民移住於工業都會的非常之多，緊望於將來之產業的繁榮而締結婚姻的風氣，非常之盛，歷來就有的貧民救助法之限制，也漸漸廢弛，兒十多的竟至於獨沐思澤，在十八世紀後半期的英國人口，逐漸增加。而在他方，則饑饉薦臻，穀價暴騰，下層人民的大多數，都沉淪於非常困厄之深淵。凡生長當時產業革命的渦中，目擊這種境况的人們，誰也會要想討究救濟方略的。而馬爾薩斯却憑機警冷靜之資性，無端想到從人口的限制來救濟這種大難。

人口論的改訂

然而他們出的「人口論」，是於倉卒之際爲和葛德文爭辨而起草的，沒有科學的系統，缺乏實際的材料，因此他便把以前所草的論文之組織性質變更，於一八零三年改題「人口論」行世，其標題是：An Essay on the principle of population, or a view of its past and present Effects on Human Happiness; with an Enquirey into our prospects respecting the Future

Removal or Mitigation of the Evils which it occassions. 他爲調查研究與人口問題有關係的事實，由英國去法而赴德國之漢堡，由此更遊歷北歐各國——瑞典，挪威，芬蘭，及俄羅斯的一部分。馬爾薩斯的人口論，在他生前改訂重版至六次之多，自二次以下，一版比一版的內容不同。

人口論的大意

現在略述人口論的要旨；他說道：「一切生物不斷地有一個傾向，卽是不斷地要給加到所預備給他的榮養物以上這個傾向。一切生物，，因爲不斷地自己有增殖的傾向，所以每有機會，都要發揮他的增殖力，現在人類，對於要增殖到食物以上這個本能，也同其他生物一樣，是有很强的力量。然而人類只是因爲他有了理性之力，所以自己會想着，對於自己所產下的小孩將來能够供給以上生活資料不能？而其結果，若是去抑制性慾，往往會犯了罪惡，若是不能這樣，人口又不斷地會呈出增殖到生活資料以上的勢子。但是沒有食物是不能够生活這件事情，又是關於我們人類天性的法則，故人口在實際上，是不能够增殖到可以維持他最低的榮養以上的。於是因爲獲得食物的困難，人口的增加遂起了一個大妨礙，這卽成爲窮困，而現了出來。不過事實昭示我們：人口常有超過食物以上而增加的傾向，比如美國是土地豐富，食料繁多，風俗善良，妨礙結婚的事情很少的國家，其人口以每二十五年增加二倍的比率而增加，業已百年。然而食物增加的比率，却不能跟着他走，何以故？因爲在適於耕作的土地既已完全歸於一般人所有的國家，殖物的增加，都須要望諸於改良土地，因爲土地改良而收獲增加比率，逐漸減少。所以人口增加的比率和食物增加的比率之間，實有非常的差異，若用數學上的方式說明：則人口可以說是以幾何學的級數比率而增加，而食物却是以算術級數的比率而增加的卽食物和人口的關係，二百年之後是二百五十六和九的比率。三百年之後是四千九十六和十三的比率。說是人口到超過食物之分量而增加的時候，由殘忍的天然法則限制於食物增加的限度。其限制方法雖有種種，然大致分別起來，不外預防的限制(Positive checks)和積極的限制 (Preventive checks) 兩種，預防的限制，又可以分爲德道的，不道德的兩種。克己制慾是道德的，殺兒，墮胎，娼妓，賣淫是不道德的。又積極的限制，是指由饑饉，疫癘，戰爭，貧困，操勞過度而死亡者」。在這裏所述的道德的制度，是第一版沒有，在第二版上面新加的，而馬薩斯本身的意見，也因此大加變化。要而言之：馬爾薩斯的論綱，是在：「社會的困弊，不是人類之不正及惡制度的結果，乃是因為人口有超過生活資料的傾向因此成為不可避的天然法則的結果，縱然能够憑人類的智慧能够想出最良的制度得以救濟這種困弊，然而不到數年而此等的制度，仍當為天然的法則所顛覆」。故此他由這種論據猛然的攻擊政府獎勵人口，人口的增加，使一部分人民失却職業和食物，使下層的人民越發陷於困厄的深淵。因為貧民救助法之故，便人們制慾之念衰頹；責任心喪失。

人口論的價值

「人口論」決不是馬爾薩斯所獨創的，在他以前如休謨，亞丹斯蜜，蒲徠斯一輩子，曾經把關於人口的意見，散布於其所著的經濟論中間，同時如儋姆斯(Sir Iamis Steuart)，楊氏(Arthur Young)等人，對於這個問題，都有相當詳細的攷究。然而這一夥的人口論，却都絲毫不能喚起世人的注意，只有馬爾薩斯的聲名，轟傳海內外，其所以然的緣故，大低不外他用公式的來敍述白的事實，用語嶄新而奇特，足以聳動世人的耳目而已。此外他攻擊救貧制度說道：「不能獲得贍養家族之資而結婚者，自然應當受天然的法則嚴罰。可是如從天然掌中取去刑鞭來自己負擔吏胥的事幹，眞是可痛的野心」。他大概都是在顯著地容易感動人心的方法上著華，而惹起人們的注意，使之傾向於實際上理論上不能思攷的問題上去。

人口論的影响

馬爾薩斯人口論行世以後，大大裏影响於實際政策上的；則爲各國救貧法的改華，移民的奬勵，甚至於德國也有禁止貧困者結婚法律的頒布，不過因爲他的議論，對於貧民殘忽，言詞奇矯，於是又成爲衆矢之的了。馬爾薩斯的學說，不把勞力者的困窮，歸之於國家制度之不良與夫上流階級之壟斷利益，却說貧民是貧民本身困窮的原因，而把罪過歸到天然法則和勞動者身上去，一方面固然大受豪富與資本家的歡迎，同時他方面下層社會與夫信奉社會主義的人們，却恨之刺骨。甚至於宗教家也說他的議論和基督教義——人口散布於地球的表面，完全達反而極力攻擊，學者們也從人之腦髓神經發達而蕃殖力隨之減少的論證來百端排斥，這些戰將猛士們，都向「人口論」的城壁下面攻擊起來，在最近百餘年間，世上爭論的問題，恐怕沒有馬爾薩斯「人口論」那樣厲害的。

對於人口論的批評

馬爾薩斯人口論的價值，除了社會主義派經濟學者以外，就是資本主義經濟學者之中，現今也不還有議論紛紜，迄無一定，一方面如恩格蘭，康蘭(Canan)這一夥人說他的學說沒有甚麼價值而輕視他：他方面則如馬雪耳(Marshall)，伊利(Ely)那一輩子，又說他的學說非常精闢而重視他。要而言之：他的學說，直到如今，還是在爭論不決；毀譽參半的狀態中間。所以我在這裏，將一夥人把對於他的學說批評，略微介紹於下：

「1」對於人口論第一的非難，他說的「人口以幾何級數的比率而增加，反是；食物是以數學級數的比率而增加」之議論，是完全不基於事實的誤算。這種非難，不能不說是有相當理由，何以故？現在要是把食物的意義解為適於人類咀嚼的有機物也含包在內的話，那末，動物的增殖率，和人的增殖率相同，就不應當說動物所受的理法支配，和人所受的理法支配有別，假令馬爾薩斯所說的食物，是以植物尤其是農產物爲限，然而是專把由天然作用所左右的植物增加率和大半由自己的意思與境遇而行動的人類增殖率比較，想用計數的去求兩者之差，而在實際上仍是一無所得，這是自明之理。或有人說馬爾薩斯的這種公理，不過是表示人口增加較食物爲速的傾向，來替他辨護的，要是他的學說根據，就是只用很曖昧的話「傾向」兩字包括殆盡的話，那末；他的學說，當然是毫無價值。同時和馬爾薩斯學說完全相反——食物有速於人口而增加之傾向的塞利耳(Senior)學說，也就當然不能够一概把他排斥掉了。要而言之；馬爾薩斯人口論的最大弱點，就是他只着眼於食物限制人口一點，而把在人類社會中間除掉食物以外還有多少事情（他所列擧以外的）足以限制人口的事幹，完全忽略。人口不但只被和食物毫無關係的許多原因所限制，而且人類所消費的食物，隨着文化和生活程度的不同，而其品質和分量，也跟着不同的。就是同一人願消費的食物，不但只是文明人和野蠻人之間大有差別，就是同一人類之間像西歐路易十四世一飯之資，中國古時鄧通何曾一日之費，不知能够養得多少農民。然而他拿這麼兩個變化無窮的事像，想用數學來說明兩方的關係，當然是沒有甚麼用處的。馬爾薩斯本身也是富家子弟，只不承認食物增加是人口增的原因罷了。然則單從這一點看來；馬爾薩斯的公理，只適用於占人口之部分的貧民階級，則其價值自然不得不減少許多。

「2」其次對於馬爾薩斯人口論的非難，就是他的學說，從道德上看起來，實給世道人心惡影響。他所謂不能獲得瞻養家族以費而結婚者，應受天罰的激論，把這種鐵鎚敲到窮人子的頭上，雖然是想矯正當時勞動者所盛行的早婚濫婚之弊害，然而他對於結婚之說，實過於狂激，而且不免發生道德上缺乏趣味的結果。不消說，性慾是人類次於食慾之非常强烈的慾望，人類滿足性慾之普通才法，不抵不外乎結婚，私通，賣淫三種。因此之故，要是如馬爾薩斯所說——不能得到瞻養其妻和五六個小孩的費用便不可結婚的話，那末，大多數的勞動者，因爲沒有結婚的力量，就祇有憑結婚以外的方法去滿足很難抑制的性慾，這是事所必至的，其結果，當然是獎勵賣淫；增加私生子，這是可以預斷的。況且人們娶妻組織家庭，不單只爲滿足性慾之故，而且想在其中求到藹然的和氣和安慰與夫人生最大幸福的，果如馬爾薩斯所說：沒有錢的人不可結婚，强迫窮人子安於吗包和獨身生活的選擇，實在不能不說是殘酷已極。加以馬爾薩斯的「貧困是貧民自招的」之說，替很驕傲無慈悲的大資本家做辯護人，替他們利己的行爲方面，給一個最有力量的辯解之言詞，而於各種社會改良事業和社會改革運動方面，給予一個大大的障礙，這是不能够否認的事實。雖然，同時他的學說，使社會主義者激烈反抗，於是乎又使激烈的反動的大運動相繼起來，這却是頗爲奇怪的事體。

「3」再次對於馬爾薩斯人口論所起的批評，就是他的學說在學問上的價值怎樣？的問題。恩格蘭批評他說：「馬爾薩斯的人口論，在我們的知識上面到底有甚麼有價值的貢獻，我們狠難發見，同時他在他們的理論上面到底建立過甚麼實際上的教訓，我們不容易判斷正確。他那幾何學級數，算術級數云云命題之錯誤，是不消說，人口隨食物的增加而增加，應食物的供給而適當地受其限制，而「食物的增加和人口的增加，缺乏和死亡——這等事幹，是在自然經濟下回互相關聯起來的事幹，達文生（Joseph Townsend）在其一七八六年出版的著述（Dissertation on the poor Laws）上面，曾經充分說明，馬爾薩斯讀了便能够知道的。加以人類對於貧窮的恐懼和父母養育兒女的義務觀念，是妨礙人口增加的動機，這是很明顯的事實，曾經在文明國內行了的。他的學說，都是把別人的學說和這種明白的事實來追加纘述，並不是有甚麼詭異而新穎的事體。他的學說所以認爲深奥而嶄新的，不外乎因爲把積極的限制(Positive checks)預防的限制（Preventive checks）等等新熟話裝在其中而已。他在第二版以下的議論中間曾經增加各國之歷史的統計的事實，雖然是新奇而有益，不過他還是沒有根據這種事實而新得一個結論，他的歷史的研究全部，是後來新加的，而他的根本原理，還是在他研究歷史事實以前就已經發表過了的。要而言之；馬爾薩斯的人口論，並不是如人所說——是很大的發見，不過是把明白的事實拿來加以形式的說明而已」。恩格爾的這種批評，未免過於酷刻，假定馬爾薩斯的學說，或者是達文生以及其他的人們說過，再又假定他的議論材料是明白的事實，然在當時他把這種在理論上事實上已經完全拋却的重要問題拿來，把他放在獨立明確的地位上面，囘深刻的筆墨出來，喚起很深的印象和很深的感動，使世人向人口問題上面注意，完全是他的力量，關於這一點，他的功績很大，這是不可爭的事實。不過他的議論。多半是獨斷的；演繹的，往往缺乏事實上的根據，而且他因爲硬要直截簡明，想下最有力而最堅强的斷定，於是動不動便缺乏論理的透澈，使人們對於他的論旨，發生誤解，這也是當時一般的通病，不能單祇責備他一個人的。

以上所說的，是對於馬爾薩斯批評的大體，所說的正確不正確，是別一問題，不過目前世界各國的人口，都有超過食料的比率而增加的傾向，這是無論何人都一致公認的，尤其是我國在煩惱人口過剩和國民生活艱難最厲害的狀態。從而人們凡想要研究一切的社會問題，首先實在有研究爲一切社會問題的根基之人口問題的必要，這是不消說的，因此有把馬爾薩斯的人口論以及一般學者們對於馬爾薩的批評，充分理解之必要，也是不消說的了。

李嘉圖(David Recardo. 1772-1834)

李嘉圖的生涯

在英國方面祖述亞丹財密的學說，在某一點上把他加以修正而使之發達，建設謂正統經濟學派之基礎的，就要算李嘉圖。李嘉圖是倫敦一般富的股票經紀人之子，從小時候便隨着他的父親從事於股票經紀的業務，因爲宗教上的不和，於是脫離他父親家庭而獨立經營股票經紀業。沒有許久便大功告成，到了二十五歲的時候，便成巨富。於是在這時候，他便利用治事之暇，縱去究自然科學，偶然間讀亞丹斯密的原富，便大爲感動，埋頭去研究經濟學。後來他被推爲國會議員，關於經濟問題，在院內有很大的權威，而爲世人所推重。

李嘉圖研究學術的態度

據上面說來，他固然是實業界精通經濟界實況的人，然而他每當討論上的問題時候，却不從事實經驗上面立論，而專用抽象的論法，可以說是頗爲奇怪的現象，也就是亞丹斯密之態度不同的所在。亞丹斯密的學說，無時無刻不把世上的實際生活放在胸中，要把人類和事物的狀態之關係考察以後，總舉新奇的實例來說明，李嘉圖却完全不然；他的議論徹頭徹尾是抽象的，先設一個獨立的假定，然後由此演繹的推論其達到一定的論據，其結論弄到和多少實際情況或他的經驗有所齟齬，他還主張這就是眞理。比方他敍述自家的學說之時，總先假定當事者是兩個野蠻人，想像他們在某種情況之下應該做出甚麼舉動來，這就是慣用的方法。他大凡每當研究複雜的社會現象之際，總不把多數的事實來比較考察，勁直大膽迅速地演繹推倫，危險固然不消說，而一般人們責難他破壞經濟學的研究方法而使其進路錯誤的原因，也不外由乎此點。他以後的正統學派，大半薰染很惡的抽象的觀念，重視演繹法，以後陷於敢下獨斷案的毛病底人們，也可以說是受李嘉圖的感化所致。然而他想憑他的非凡的推理力和無比的判斷力，把錯雜混亂的經濟上之困難問題拿來縱橫自在地解決，開拓前人未到的天地，在學理上面開闢新生命的大手腕，這是他的特長，無論何人都比不上他的，他的聲名之所以揚溢於後世者，也就在此。再把亞丹斯密和他比較對照起來；亞氏所說的，無論何處都很穩健，而且珠圓玉潤，他的議論澈頭澈尾都是邁進的，對於和他不相容的學說，便大刀闊斧甚力攻擊，絲毫不肯假借，因此一般學者們對於亞氏所說的，縱然有反對的意見，也是不肯橫加攻擊，反是；李加圖的議論，則常常為各方面責難之標的，也就是這個緣故。加以亞丹斯密。穆勒約的著作，從頭到尾沒有得絲毫的罅隙，結構嚴整，文章流暢，一字一句都是惹人注目的地方很多，至於他的著述，則完全沒有一定的計畫，各章都是任意配列許多獨立之論文。不僅此也，因為他措詞行文，全不斟酌，而用語又有多少雷同的地方，以致往往裏使人們把他的論旨誤解。塞利耳嘗批評他得好；「他在大名鼎鼎的著作家中間，恐怕是一位用語頂不精確的人了」。這也是名言。

李嘉圖的著作

李嘉圖關於金融，貨幣，穀價，國立銀行的設立等等問題，雖然曾經發表過許多少書藉和論文，但是在這些著作中間，使他的聲名永垂不朽的，還是「經濟及租稅的原理」(Prnciple of Political Economy acd Taxation 1817) 一八一九年再版，一八二一年發行三版。不過他的這部著作，不是體裁工整的教科書，還是關於價值，市價，地租，工資，利潤，租稅，貿易，銀行的論文集。在各篇論文中間，雖然不相連貫，不大統一，但是在各篇論文中間，他的一定之根本思想，還是前後一貫；始終不渝的。而這部書最惹人注目的地方，就是在他以前的經濟學者——亞丹斯密這一輩子，討論經濟學理，專注重生產論，反是；他却在經濟學研究方面別開一新新面，把全幅力量都耗費在分配論上面，他自己曾經說過；因爲社會進步的階段不同，要知道一國生產的總額是憑甚麼比率來分配於地主和資本家與夫勞動者之間，這就是本書的主要目的，他在這一點的確是成就很大。我們祇要看過他給馬爾薩斯的書信(Letter of Ricardo to marthus ed. by J. Bonar. 1886)中間一段「一般人以爲經濟學是研究富之性質及其原因的，而我則說經濟學是研究在參預富之形成的階級中間，決定生產分配的法則」的話，就可以知道他對於分配是怎樣側重的了。

地租論

李嘉圖的學說中間頂著名的，是地租論 Ricardian Theory of Rent 成了經濟學上不朽的名詞。他首先對於「地租是甚麼」？的疑問回答道：「地租是對於土地之根本的不可破壞之力的使用，付給地主的報償」。他的這句話說法，在地租的說明上出了一個新機軸。因爲歷來的學者——比如重農學派就是把地租卽他們所謂純生產——看做是天然的施予或神人的思賜，亞丹斯密雖然不曾把租當做天然的創造而歸之於勞動的力量，然而他還是具有地租是天然互助的結果之觀念，就是李嘉圖稱贊馬爾薩斯是地租原理的眞正發見者，也還是以爲地租是從神祇賜予土地的特別性質而發生之結果。李嘉圖則把前輩的學說，一概推翻，以爲地租不是神祇的恩惠；也不是天然的互助，是由受人增加的壓迫，漸次至於成爲劣等地而耕耨的可悲之結果。地租所以發生的原因如何？據他的意見，具有 Favourable Circumstances「合宜條件」之土地，詳言之，卽土地豐饒，位置便利之土地，爲數有限，蓋其第一原因，土地行着收獲遞減之法則，是其第二原因，在人口稀少，具有合宜條件之土地有十分餘裕，其中僅只一部分利用着的時候，恰於人用水與空氣之不給代價同一理由，亦無人因土地之使用而提供代價。但是，土地本來不是無限制的，同時，其性質地位，均各有差異，故人口一行增加，地方稍劣，或地位稍爲不便之土地，亦次第耕作起來。於是作爲優等土地之使用費，始發生出地租，且其地租之額，由着同一勞費下所生優等地與劣等地之生產物的差額定之。譬如有第一，第二，第三之土地，由此所以生之純生產物（Net produce）於使用同量資本及勞動之下（Equal employment of Cepital and labour）假定爲一百石，九十石，八十石。在僅行耕作第一之土地時，地租尙未發生，而第二之土地一行耕作，使用同量之資本及勞動，其所得收獲之差額，卽十石之物，成爲對於第一土地之地租，更耕作至第三之土地時，等一土地遂生出二十石，第二土地遂生十石之地租。固然在耕作第二，第三，第四，第五等等土地之前，若增加其使用於第一土地之讀本及勞動之分量，普通是有益之事。然而土地是有收獲遞減這個法則實行着的，故任是何種優良土地，由此所生之收穫，並不與資本增加比例而增加，譬如使用於第一土地之資本及勞動之分量，卽使倍加，並不因此而與最初同樣增加至一百石之收穫，僅有增加至八十五石者。然而無論如何，只要有八十五石的收穫，其資本及勞動，與其新行使用於第三之土地，又不如重用於第一之土地了。此時一百石與八十五石之差額卽十五石，更成爲一等地之地租。何以故？土地之耕作者，縱使投其資本於他處，與支出地租而投之於第一土地比較之時，欲得更多之利益，絕對的不可能故。次就農產物之價格與地租之關係觀之。原來物之交換價值，均由其生產費而定，但若同一物之生產費而有差等之時，則由最大生產費決定之。故社會所需要之生產物若僅由耕作第一等土地而供給着之時，則生產物之價格，是由第一等土地之生產費決定。但是卽耕至第二等，第三等之土地，則對於生產同一之生產物，乃由土地不同，而異其生產費，故此時其農產物之價格，至少須由能償其最大生產費之點定的。因之，第一等地之生產物價格，較諸由其土地之生產費決定，更須定於更上之額，像這樣，其差額成爲一等地之地租。由此觀之：「穀物不因有地租而貴，地租却因穀物之貴而有，地主縱使拋棄地租之全部。因此而穀物之價格絕不至於下落，這實是正當之觀察」。(Corn is not high because a rent is paid, but a rent is paid because corn is high; and it has been justly observed that no reduction would taks place in the price of corn, although landlords should forego the whole of their rent.) 這個意思，可以說地租絕對不是構成農產物代價之一部分的。

以上是在名的李嘉圖地租論之大意。由此觀之，可以知道其學說，為着辯護名叫地租之不勞所得上，是如何有力。蓋從彼之說，優良之地是有限的，又土地之所以行着收穫遞減之法則，亦是自然之事實，人力是無可如何的。因之人口增加，農產物之需要亦隨之而增，劣等土地，漸有耕作必要。其給果，農產物之生產費增加，其價格之騰貴亦成為不得已之事。故優良土地之所有者取得一定之地租，蓋本於自然法則之事實，而非何等人為之結果。一般消費者並不是因為地主取着地租而有何等過餘之負担。地主若拋棄其地租，則相當於此地租之額，僅成為借地人過餘之利得，穀物之價格，絕不會因此下落的。像這樣想來之時，一般消費者，並不因地主取着地租而蒙着何等損害，故彼等對此毫無唱說不平之理由，卽是說地租不能不看作地主之正當的所得。此所以我把李嘉圖的地租說作為是不勞所得之一種的地租辯護論中最有力之說。

工資論

次於地租論，應述的，是他的工資論及利潤論。依他之見，由全體生產物中減去地租餘額，一切得分割為工資與利潤兩部分。那麼，工人所受報酬這個工資得怎樣定呢？現在一看他的工資論，其議論的基礎有兩個。其一是馬爾薩斯的人口原理，其二是一八一五年前後衛斯時，塔藍茲，馬爾薩斯及李嘉圖四人差不多同時發見的那個收穫遞減的法則，（The law of decreasing returns）並以此法則為前提李嘉圖自己所作的地租的法則。而李嘉圖的事業，是以此等法則為武器，論證勞動者的階級是永遠不能脫出窮困的狀態，得永遠在此必然之境遇中。據他的意見，『勞動之價格「指工資之意」，可以自由增減其供給之一貨賤物的價格一樣，是有自然價格（Natural price）及市場價格(Market price)的區別，而且其市場價格是不斷地有與自然價格接近之傾向。那麼，勞動的自然價格，是由着甚麼定呢？與可以自由增減其供給之其他一般的貨物一樣，是由着生產此所需之勞動的分量定之。更具體的言時，即是在勞動者沒有增減其人口數之範圍內，足以維持其生活，繁殖其子孫之價格是。但占着勞動者生活之大部分，那食物的價格（因受着收穫遞減法則的支配）隨着社會的進步，而次第騰貴起來。故勞動之自然價格（作成貨幣之額）亦應隨着社會進步，而次有騰貴的傾向。

勞動之市場價格

但是勞動市場價格，即現在支給與勞動者的報酬，儘管不斷地有與此自然價格接近之傾向，而所以直接決定之者，即在於時時對於勞動需要供給之關係。然而在一方面，所以決定其需要的是資本的數量，在他方面，所以決定其供給的，則爲勞動者的人口數，故欲使勞動之市場價格騰貴，唯有使人口數減少，或使資本速行蓄積起來。

名義工資與實質工資

而「由馬爾薩斯的人口論所說」人口較諸資本，是不斷地有以更速的速度而增加的傾向，故縱使名義上的工資（Nominol wages即以貨幣表現的工資）因爲食物之價格騰貴，多少亦有騰貴之事，而實質上之工資（Real wages）即以所得之貨幣能够買食物及其他生活必需品之分量則常有下落之傾向，由此點言時，勞動者之市場價格，蓋不免常有決定於其自然價格以下之傾向。照這樣看起來，「要想永久的確保貧民之安樂及福祉，爲着制御他們員數的增加，爲着減少他們不注意之早婚起見，若非貧民自身，用些何等注意，或是立法者方面，作些何等努力，可說是絕對不可能，這個事情，是毫無容疑的一個眞理。』

增高工資要限制人口

像這樣，李嘉圖的工資論是用着經濟法則的名目，來論證勞動者除了實行彼等階級之人口限制（卽是一種自殺）外，「所以永久的確保彼等的安樂及福祉」之外，蓋無法可想，這實是拿一把鉄鎖把勞動者階級和貧困鎖在一起的論法呵！

利潤論

次說利潤是如何决定的呢？據李嘉圖的意見，『是由全體生產物中減去地租（在最劣等土地之農業，卽須最大生產費之部分的農業，是沒有可除的地租（更由其餘額減去工資後，更有所餘，卽爲利潤，應全歸於本資家所得。』像這樣一定額的東西，是分割成工資與利潤，故一方若是分多，地方當然要因之而減少。卽工資與利潤，對於此點，有利害全不相同之關係。李嘉圖由着這種觀察——如馬克斯所言，算是把階級間經濟的對立之根本原因，發見出來了。

利潤與勞動

想來，資本與勞動的利害調和這件事，是今日社會改良主義者所

之利害對立

唱過的，而這些利害之根本的無從調和一件事，又專爲社會主義者所力說。有誰知道，今日社會主義者所主張的地方，由着資本主義經濟學三大創設者之一的李嘉圖，於距今百年前，業已明白道破了呢？只是他一面儘管看出這種事業，而仍會成爲有力的資本主義辯護學者之一，就因爲他對於犧牲利潤給工資一事絕對的視爲不可的緣故。

不可因工資而犧牲利潤

蓋依着他的意見，『資本家爲着營業事業而投資，是爲的要得利潤。故利潤若降至一定程度以下，其報酬若不足以償其經營事業所生困難及危險，則資本家將要中止其資本之蓄積了。(The farmer and manufacturer can on more live without profit, than the labourer without wages. Their motive for accumulation will diminish with evety diminution of profit, and will cease altogether when their profits are so low as not afosd them an adequuate compersation for their trouble, and the risk which they must necessarily encountcr in cmploying their capital peoductively.）而資本的增殖，不獨是社會經濟發達上不可缺的條件，勞動的需要亦因資本增殖，纔能增加，故由此點着想，使某程度之利潤歸於資本家所得，爲社會全體計，自不必說，即只爲勞動者計，亦是必要之事。

要結

關於李嘉圖之地租，工資，及利潤的議論，大概是如上所述。由此觀之，他之議論，實是爲着地主而辯護地租之存在，爲着資本家，又辯護利潤之存在，對於勞動者，則說明工資在一定程度以上難於增加，貧窮是他們永久的命運，其說明是如有力，蓋不難推察。像這樣，所謂正統學派的經濟學，由亞丹斯密經馬爾薩斯而至李嘉圖，互生產分配兩方面，約略把他的根本思想弄到完成了。

勞動價值說

我們已經在上面把李嘉圖對於分配問題的意見，略爲說明過了，這些意見中尤其是他的地租論，以後很久，爲學界所承認，即經濟學，業如上述，由着他的原論，可以說是亙生產分配方面，已略將體系弄得完備了。但是這裏有一件最奇的事情，即後來反抗資本主義經濟而起的馬克斯之社會主義經濟學，尤其是其中最重要出發點之一的勞動價值說，會最多負於李嘉圖的原論是。我想把此事說說來結我這一段的文章吧。

亞丹斯密之勞動價值說

物之價值定於其生產上所需勞動之分量一事，業已由亞丹斯密說過了。他的原富等一篇等五章說過：勞動是一切貨物交換價值之眞工尺度，又在第八章述說如下：「在土地占有及資本集積尙未施行之最初狀態，勞動之全生產物，蓋屬子勞動者」。「但是像勞動者自行享受他勞動的全生物產那樣，最初的狀態，等到土地的占有及資本的集積一行開始之後，便不能够繼續了」。我以爲土地及資本之獨占施行以後，勞動者之生產物，全部不屬於勞動者，這個事實，實不能不說是大須注意的現象，而亞丹斯密只如上面述着，至於爲甚麽土地占有及資本集積施行之後，勞動者不能享受其勞動之全生產物，這個理由，他却絲毫未去說明，他只是把事實作爲事實，輕描淡寫而已。

李嘉圖之勞

李嘉圖的勞動價值說，即承着亞丹斯密的說法，更使其發展出來

動價值說

的。依他的意見：「勞動是 Original source of exchangeable value.（交換價值之本源），一切物之價值大小，是依着所投於其生產之勞動的多少來定的」。(All thing became more or less valuable in proportion as more or less labour was bestowed on thein production.)

勞動的價值

再他接着關於勞動之價值，更說着可注意的意見。勞動本身的價值（即勞動者所受之工資）與勞動生產的價值絕不同一個物件。換一句話說，勞動者對於其勞動之報酬，不能受勞動生產物之全體，只能受其一部份。那麼，勞動本身的價值該怎樣定呢？（業已在工資上說過）據他的說明：「勞動這個東西，與一切可以賣買的，且其分量可以增減的一般其他之物同樣，是有自然價格與市場價格的。所謂勞動之自然的價格，即使勞動者在不增減其員數之範圍內，所需以互相維持其生活，繁殖其子孫之價值是」。即是說，勞動的價值，由着勞動本身之生產上所需之勞動的分量，詳言之。即是由着勞動者及其家族因爲維持生活而生產其所需之貨物業所需之勞動的分量而定的。

對於馬克斯的勞動價值說的準備

李嘉圖對於一般貨物之價值，尤其是關於勞動之價值，是如上面所說的述著。而在這個範圍內，是與馬克斯的勞動價值說及以此爲的剩餘價值說頗有類似之處。只是李嘉圖謂勞動者只取得其自身生產價值之一小部分，爲經濟法則上不得已的現象。反是；馬克斯則謂此爲階級社會中特有的關係，且因廢止此種掠奪關係之目的，而望見有當廢去使此種經濟上法則所以必然之資本主義的經濟組織，而代之以絕無掠奪關係之共產主義的經濟組織，關係此點，兩人蓋互異其根本之主要論點。總之資本主義經濟學，至李嘉圖而大略完成了。但一剎那間在其胎內，可以看出業已充分孕育着不日即可產生社會主義經濟學之胎兒了。次此而來的是社會主義經濟學一事，實是一個論理的而且必然的發展之途經呵！

詹姆士穆勒(James Mill. 1773-1836)

在英國方面用嚴格而簡明的文體開陳李嘉圖主義而予以巧妙之配合的，是詹姆士穆勒。詹姆士穆勒於一八一七年著「英領印度的歷史」，於一八二一年著「經濟原輪」傳最簡潔地正統學派之福音，其他則在各種雜誌上發表他的經濟意見。然而他最得名的，不在學說，而在他是約翰穆勒之父，以及於李嘉圖以及其兒子約翰穆勒之精神的感化很大，他的聲名永垂不朽的原敬，完全在此，所以我在這裏把他的學說，略而不談。

穆勒的花述及感化力

馬克洛克(John Romsay Mccnllock. 1789-1864)

馬克洛克的經濟思想

自亞丹斯密以後，馬爾薩斯，李嘉圖，相繼凋謝，正統學派一時有失其後繼者之觀，然在英國沒隔好久，便有許多的才俊碩彥相繼出世，把正統學派的學說祖述修正，使之集於大成，馬克洛克就是這中間的一個人。馬克洛克關於經濟上的知識，雖然淵博，然其議論缺乏正確，而且過於博識多聞之結果，以致往往有不在問題以外而討論便不滿足的傾向。因此他的學說，便不大爲人所推重。然而他所著的書籍和解釋他人的學說，都能以獨特的手腕出之，還使他不失其爲正統學派之有力的傳播者。他著過經濟學者的傳說；編過古代經濟學者的文集，而又刊行過經濟史全集，裨益於經濟學史的研究上實在不淺。抑又在他的手上告成的商業字典（一八八六年再版），受一般人歡迎，把這部書認爲蘊蓄學問上統計上的知識之寶典。

塔藍茲(Robert Torrens. 1780-1864)

塔藍茲的經濟思想

塔藍茲的洞察力，實在馬克洛克之上，而他的文筆，也堪與之相敵比。他關於富之分配，工資及同盟等問題，曾經著過多少書籍行世，不過他爲人所推重的，不是他所著的大部頭書籍，而却還是關於外國貿易問題起草的論文以及替勞勃比耳(Robert Peel)起草的改革商業財政意見書。所以說的外國貿易說，和約輪穆勒在其「經濟學未定問題」上面的一節所說的，大旨完全相同。他素來就是提唱廢止穀物條列的熱心家之一人，然而他對於一般之絕對自由貿易論，却不同意。那末，他的主張怎樣？他以爲要對外國的關稅，只有課同一之報復的關稅爲有利益；以及保持敵對的關稅法而把一國生產物的輸入稅低下之結果，貴金屬之流出，以及物價，利潤，工資之低落的事體，當然會來的。

塞利耳(William Nassan Scnion. 1790-1864)

塞利耳的經濟思想

正統經濟學派中自李嘉圖起到約輪穆勒止在這個時期中間的學者占第一位的，實在要算塞利耳了。他是牛津大學的教授，曾經著過許多種有益書籍，其中最出名的，是「經濟學概論」。(An Outlene of Political Economy. 1836) 他這篇論文起初是把「世界百科字典」中之一篇拿來分做數部而出版的，到一八二二年竟印至六版了。他就術語的精確和演繹法方面貢獻也很大。其他關於生產費與市價之關係，地租，勞動工資之差異，利潤與工資之關係，各國貴金屬之分配等等的說明，頗有值得參攷的地方，同時把金錢生息的原因，歸之於人的節制，用的字義是 Abstinence ，其意義固然是消極的；不甚充命的，然而可以說是頗饒趣味的着想。會於利潤，工資問題，把李嘉圖之說，大加修訂。尤其是他說明工資之時，明白的說：「

一國工資之平均定率，是以勞動者的總數去除工資基金之總額的」。他這句話可以認為是築正統學派所謂工資基金說（Wagesfund Doctorine）之基礎。工資基金這句話，自亞丹斯密以來的學者，都不過是漠糊影響地使用，到塞利耳纔祇確實成為學問上的用語。

約翰穆勒(John Stuart Mill. 1806-73)

緒言

到十九世紀的半期有一偉人崛然於英國之學界中，就略時之重要問題發表深遠卓越之意見，同時把歷來的重要經濟學說，加以批評或修正，使正統學派的學說完全達到渾成圓熟之境界，而使世人驚嘆其高才異能的是誰？就是約翰穆勒。他是當時第一流的哲學者而為世人所尊重，同時又是政治學的大家；經濟學的泰斗而令人有高正仰止之嘆的。他予英國的經濟社會感化之深，較李嘉圖以前的任何著作家都要厲害，而他的「經濟原論」，是在頂適當的排列之下，用頂正確的言語把所有正統學派的主要學說拿來整理綜合，在受過教育的英國人士之間的愛讀，較「原富」以來的無論何種著作都要論普遍些。加以他屹立於當時流行之經濟的論戰中間，對於四圍攻擊尤其是對於社會主義的攻擊所做的防禦之辯論，實在可以說是替後來的批評家給一個有益的模範。然而他的大著作，其間也不免包含有許多的矛盾和苦干之缺漏，尤其是他的思想與年變遷，因此使人陷於誤解的地方實在不少。

約翰穆勒的生涯及著作

約翰穆勒於一八。六年五月二十日生於英國首都倫敦，在幼時即受他的父親之嚴格的知識的訓練，同時又使之避免宗教以及其他之精神的感化。到十四歲即已通曉希臘語，拉丁語，不久因事去法蘭西，在法國南部住了一年，和章巴普赤斯特及聖西門相友善，聖西門是後來成爲有名社會主義者之一八，穆勒到了後來受着他這一派的思想上的影響不少，回國以後，從人研究法律哲學，又和邊沁 (Geramy Benthem) 很邀好。一八二三年充當印度公司的書記，一八六五年被選爲國會議員，然因爲他的獨立的態度和超俗的見解，實與選舉區民不能相容，以此於一八六八年落選，自選舉失敗以後便完全對於政治上絕念，退隱林泉，專心從事於學問之攷究。穆勒起初是一極熱心之功利主義，曾在邊沁主宰的功利主義者協會以及其他的地方替功利主義大爲努力宣傳，後來受聖西門等人的感化變爲人道主義，未幾他的思想，又顯著地帶有社會主義之傾向了。據他的自敘傳說：他的思想上的變化，是受泰羅夫人（Mrs Taylor。）（後爲穆勒夫人）的感化力最大。他在十七八歲的時候，就在各雜誌日報上投稿，到一八四三年纔把「論理學」（System of Logic）公之於世，這冊書不僅只在英國的文壇上傳得盛名，就是歐洲各國的學界都一致嘖嘖稱道不衰，到一八七五年竟然重印到九版。此外穆勒在世界上著名的著述很多，如「自由之理」（On Liberty. 1859），「代議政體」（Considerations On Representative government. 1861）「功利主義」（Utilitarianism. 1863）「婦人之隸屬」（Subejction of women. 1869）等等，是一般人所深知的。

經濟學上之未定問題

人們知道他在經濟學上曾經用過功夫的，是「經濟學上之未定問題」及「經濟原論」兩冊書，「經濟學上之未定問題」（Essays on some Unsettled questions of Political Economy. 1844），是於一八二九年及三十年脫稿，到一八四四年纔祇出版的。這篇論文共分五篇，中間所包含的，關於社會經濟之獨創的說明頗多。他在第一篇上面論國際貿易，對於外國貿易品的價格，雖是和李嘉圖相同；承認是比較的生產費決定的，但是他更進一步說：外國商品之價格，不是由於互相交換的品物之生產費而定，是由於互相的需要如何而決的，在兩國之間交換的品物方面，說明國際的需給平均法之理論卽兩國相互的需要，恰相一致，而雙方便同時恰相支給一定之比率的理論。

生產與消費

第二篇是論消費對於生產的影响，他說的有幾種有趣的提示如下：(1)「不在地主」的制度，不是全國的損失而乃單是一地方的損失，(2)生產之永久的一般過剩，固不可得而有，然一時的一般過剩，是可得而有的，至於發生此等一般過剩的原因，不是由於生產過多而來，是因商業上的信用缺乏所致。在第三篇上說明適用於支出，消費，勞力之生產不生產的意義，在第四篇上論利潤，利息，承認李嘉圖的「利潤是由工資的高低所在左右的」定理，說是利潤如果是依據由勞動而評價之工資的價格，則在改良勞動者消費之物品的生產方面，不致於使勞動者的實際工資減少，而可以使利潤增加的。第五篇是討究經濟學之定義及研究方法，關於經濟學的範圍，是毫不躊躇地和孔德一樣，把經濟學當做社會的一個分派，然而他於論經濟學實有離社會學獨立而研究之必要一點，是和孔德不同。抑又把關於經濟學的研究方法，則前後的意見不大相同，而立於終生不定的地位，他在「經濟學之未定問題」五篇上面，是把先天的方法即演繹法當做在社會科學上的唯一攷究方法，至於後天的方法即歸納法，是到達探求眞理的方法，然在社會科學上是沒有甚麼效力的，後來著論理學，却又以後天的方法是在一般社會學方面到達眞理之唯一方面。他說道：「這樣的學問，一定是抽象的；一定是假設的，因此其研究方法，就不得爲心理的；直覺的，必定是歸納的。」然到晚年，他又不想純粹依賴歸納法，大部分都採用演繹法的論理法。

經經原論的價值

穆勒於一八四八年出版的「經濟原論」(Principle of poletical Economy, with some of thire applications to Social philosphy. 1848)，是一般人推重爲當時關於經濟學的著作中間「無與比京」之

大著述，而繳賞不値，就是在今日，在多少地方，也還不失其「無與匹儔」之良書。穆勒是想照社會的實際，把前人陳腐的部分完全删除，訴之於理論的根底，而把前人矛盾的地方完全抛棄，來集最完全之純正經濟學的大成。以他天賦的大才和不斷的努力，居然把這種理想完全成功，而著一部嶄新的經濟原論。雖然從現在看起來，不免多少缺陷，然而他是把亞丹斯密以來的之濟理論集其大成，的確是値得尊崇。在穆勒以後的人們，都想避免直接誦讀穆勒以前各大家的著作之勞，却有想穆勒的說明來理解其眞意之傾向，由這樣推測，穆勒的文體是如何明暢犀利？穆勒的理解力如何精確細緻？就不難想見了！

經濟原論的內容

穆勒的經濟原論，由五卷而成，把一般經濟學的原理用最有秩序的最系統的說明，尤其是卷頭的序論上把關於社會的進步及經濟學的進步，說明的非常詳細。他下富的定義，是「把富當做有交換價値；有益；適於人心之一切物件」。「研究富之性質，富之生產分配方法，討論富支配人類生活狀態之關係的，就叫做經濟學」。據他的定義看來：富是限於有體物，無體物沒有包含與否，雖然頗不明瞭，然而他固然在「經濟學上之未定問題」上面，曾經把勞動者之熟練，勢力，忍耐等等和工具，機械一樣，都是構成富的，而在原論上却這麼一句話都沒有說及，要是從這樣看來：那末，他所謂有益和適於人心之物，是以有體物爲限的意思。

生產篇

他在經濟原論第一卷上說明生富的原因，是在生產，生產的要素，若是普遍的說來，不外是勞力和充特殊之用的天然物，假定沒有資本之助，那末，生產便不能夠脫却原始產業的狀態，因此生產之要素，可得而說是資本，勞力，天然三者。就生產要素的勞力資本，尤復反復說明。把增重生產功程的原因歸之於勞動之分工協作，關於資本，勞動，土地之生產力法則，也有精密的考察，尤其是他在第二章上面說明適於人類之用而製造的生產物，是由於一部分直接造物而用的勞力和一部分間接由耕作者，製鋤者，收穫者等，爲製造叮包粉而費的勞力，把經濟學者所謂生產費之理論，說明的最明瞭。他當討論土地之生產力增加的法則之時，又說：「分量有限制之一切自然的要素，雖然只在窮極的生產力方面受限制，然其生產力，達到絕頂以前，是由於長久克制天然之人力能夠防止而得以適應增加的需用，」把地力的迭減率，說明的最適當。

分配篇

經濟原論的第二卷，是分配篇，包含有許多關於財制產度，工資，利潤，地租等等有益的理論。就中他討論分配方法說道：「富之生產法則及條件，雖不能隨心所欲而生產到某分量以上，然富之分配，無論怎樣，是可以從心所欲而為的。」他這樣說明，雖然有人反對，然而不失其為一種卓拔的見解，即令不能絕對適應於一切地方，然在大體上總可以說是眞理。何以故？如果生產的機關，是隨社會的發達而變遷的，同時分配的方法，也影響生產很大的話，那末；把生產與分配分離，全然被支配於別個的法則來立論，是大不妥當，然而生產的方法和分配的方法之間，實有許多地方有多少明白區別，這是無疑的事實。

私有財產制度

穆勒關於私有財產制度的議論，也大有可注目之處。他在「經濟原論」(第一版)第二卷勢頭就把私有財產制度和社會主義，共產主義的制度對比，後二者因爲不適於自由和天然之故，所以不能用，不得已只好改善分配方法而保存私有財產制度。他說道：「共產主義的計劃，是把種類繁多之個人的性情，複雜紛歧的趣味，伎倆的優劣，知識的高下，德望的尊卑完全沒却，而此等性格之不同，不僅是給人類社會的興味很大，而且使個人刺激，鼓舞，激勵，發憤，是引導社會人類之知識的道德的進步之最大動機，如果像共產主義所說：「萬人平等」，「使各個人的特徵消滅」，則社會的進步發達，決無希望。所以吾人卽令不想把私有財產的制度當做最良的制度，然却可以發見其最良的制度，在攻擊他以前，先就要討究改良的策略——卽吾人改良私有財產的制度，各個人沒有甚麼功勞，便不能使之把他人的勞力和節制的結果强橫占領，本身勞動之結果，務必使人爲之保證，不使遺贈的權利，所有的權利，變爲無限的大，然後就得以建設完全的制度，這種完全的制度，務必着手實行。」但是他關於這一點的意見，到中年的時期突然變化，這事當在後面敘述。其次他便移於工資的問題，他說明工資由於競爭和習慣而支配的所以然之緣故，他採取工資基金說來明瞭高低的原因，防止工資的下落，以爲保護勞動的良策，就是在乎適當的人口制度，把亞丹斯密所提唱的工資由於職業不同而高下的理由加以增補修訂。以後更入於利潤論來了，他說利潤是企業家對於企業監督，勞力的報酬，利潤有結局達於最少限度之傾向，把前人的利潤論有所補充，至於地租的說明，是把李嘉圖的地租說加以增補，將他整齊修飾，非常盡力。雖然，他的地租論，誠如馬雪耳所評的穆勒的地租說，其用語雖還很明晰，然而有許多少矛盾之痕跡，是不可掩的。他不把地租包含生產費中的理由，說得固然很巧妙精緻，然他討論農民的生產之際，却又說地租是構成生產費之一部，又從文化的程度上說明地租是入於農產物的價格中間，這種種論調，都不免表暴他的思想之混同的。

交換篇

穆勒在第三卷交換篇上把決定物之價值的三個方法，說明得非常微細，把需要供給的關係，解說的極其精密，論價值的理論籠統說明以後，便進而入於貨幣論。他把需要供給和生產費的關係，討論得極其明晰，對於兩本位制及價格的標準，也曾論及過，把國際價值，利息等等，也詳論過。他把此等牽涉多方的問題，詳細說明，不藉數學上的公式，不用圖表的解說，只憑細緻巧妙之筆去縱橫論述，不但毫無曖昧模稜之點，而且序秩整然；一絲不亂，使人逐章疇句一看，就可以窺知其意見持論的所在，這實在是他那明晰非凡的頭腦有以使然，決非他人所可企及的。外國貿易論的棉花貿編中頂有名的，他把李嘉圖的比較生產費說的謬誤，加以匡正，借英德兩國之間是在這一易實況來說明國際貿易的價格，不是由生產費而却是由相互的需要供給之關係來定的，在國際貿易的議論上面開一新生面。然而他把在貨物之國際的關係和國內的價值之間有一密接不可離開的關係，完全忘却，而說國際價值和國內價值是完全由於別個法則來支配的，眞是謬誤。又穆勒在其價值論上面固然曾經把貨品正當價值詳細論列過，然而沒有提及兩者的關係，不免貽疎漏之譏。他討論正當價格，也還是取法李嘉圖只從賣手方面觀察，因此過於重視生產費，而使價值的理論，非常曖昧。又他對於効用說雖然深知需要對於價值有決定影響，然而他在實際上還是沒有可使其目的滿足之一定分量之限界効用的確定觀念，不過祇有漫然的生產全體之効用的思想，因此不能夠測定其影響之程度。其次就是穆勒把價值理腸適用於分配法的說明忘掉，是一個頂大的缺點，這雖然恐怕是他基於著書的題目排置之過失，然却也是起因他關於分配也有一樣偏見之故。

經濟動學

經濟原論的第四卷，是論影響於社會進步的生產，穆勒在這一篇中間，關於產業進步影響及於人口及市價，地租，利間，工資，以及利潤低的傾向，勞動者的將來，都有卓拔的議論。他把產業的進步歸之於資本的蓄積，人口的增加，生產方法的改良，這三要素之一或一以上，可以影響於工資，地租，利潤是怎樣的；詳細檢查分以下兩者而論：一，資本增加而人口和生產方法是停止的時候，工資便高，利潤便減，然地租則祇在勞動者比歷來加多食物消費或食物以上的消費時地爲限而昂騰，二，生產方法改良而人口和資本沒有變化的時候，工資便高，地租便下，利潤便當然停止了。馬雪耳曾經批評他過：李嘉圖那一夥人論因爲農業方法改良以後的地主，何以減少分配的正率，以此常招損害，要之是概括的表示其才能之缺乏，及是，穆勒則把全篇明白分開爲二，毫無所支吾，這是大可賞讚的一點。蓋假若土地改良的結果較之以前祇要僅少的土地便已足了的話，那末；需要之減少是和其的貨物相同，土地的價格當然減少，然而分配問題，是怎樣可以處分一定的價值問題，因爲他不把這問題混合，所以值得賞讚。

政府的職掌

穆勒在經濟原論第五卷上面論政府在經濟上的職掌，他先把政府商的職掌分爲必然干涉和任意的干涉兩樣。政府的必然干涉是在租稅，就租稅來論，是取犧牲的平等說來做原則，同時採用限界效用的理論來主張累進稅說，他論租稅的轉嫁，也有很多可取的新論。任意的干涉，卽指保護政策，他關於保護政策，固然是單照經濟上的原原則，而却主張把一時外國產業之國民化爲目的，凡適合本國情況而設的稅率，應當保護，同時自由貿易主義，也是經濟上的最大原則，然却有多少地方不能不除外的，他又主張勞動時間有設「法定限制」之必要；以及人口限制之必要。

穆勒的思想的變遷

以上是就穆勒的經濟原論的第一版之內容，而介紹其大要，不過在這裏有一大可注意之事件，就是他的思想到了中年，忽然大大的變化，經濟原論的第一版與第二版以下，就社會上的各種問題，所說大不相同。如他在他的自敘傳上說的看來，他到中年止專是個人主義的尊重者，和舊派的經濟學者一樣不以爲當時社會組織之根本的改善爲可能，關於私有財產相續之制度，也認爲是立法不得已之結果。再就有人生而大富，而大多數人生而貧苦之現在社會狀況，雖然是認爲不條理，然而如果想急要改造的，也是類於忘想而小視的。他在當時雖是民主主義者，而他却不是社會主義者。然到後來他的思想却完全變了，他關於「社會改良之究極的思想」，是明明成了可以「編入到一班所稱呼的社會主義者之下」了。他所謂「舊派經濟學者是以現在的資本主義的組織爲應當永遠維持的組織」，反之；他則把他看做「只是一時的」之物，而希望在遠或近的將來，沒有偏頗的適用於社會一切人們的時代，「使一切人們平等的參加於地球上原料的共有同與勞動所生之利益」的時代，他明白地和舊派經濟學者異其見解了。不過他的性質溫和，不和普通的社會主義者一樣，主張那樣激烈，且看他關於工資的說法，他說：「現行的工資制度，是從參加生產的人們手裏剝奪的結果，而置大多數的人類於最惡的狀態，先須把他廢掉而代之以協作的制度，勞動者當於各人對等的條件之下加入其協社，用公共的資本，在他們選舉的經理人之下去行生產之公共經營」。其次他關於地租說道：「個人主義在使各個人獲得他本自身勞力的結果，反是；地租却不是他們勞力的結果而給予某人的，應該把他改正，各人所生產的便給把各人，不是某人直接生產的，便應當歸社會所有。而最容易實行這事的方法，便是在對於土地沒收漸次地租而課稅，而且由地租最盛的時候而來時時增加徵收」。再次關於相續說道：「各個人有從他或他的女子的意思而處分其所有全部財產的權利，是不消說的事體，然而因爲某一二人發財之故，便超越一定的程度而濫費，也是不可以的」。他爲什麽改論調的呢？關於此事他在自敍傳中間有一段說過如下：「我的經濟原論第一版，是草於一八四八年法國改革以前而付印的，然到後來，容受多少新的意見，就是以前認爲大足驚人之思想，也以爲穩健了。我在經濟原論第一版上面爲要對於社會主義非難之點强硬，於是大持反對的意見。最近一兩年之間，費了多少時日，把在大陸方面的社會主義與合於社會主義之論爭中間的全部問題，拿來研究的結果，就這個問題把第一版上面所草的一概抹殺，而代之以代表更爲進步之議論與反省」。

穆勒的批評

要而言之，在十九世紀的半期把正統學派進於完全的境界，又復導之於衰頹之疆域的，都是穆勒的力量。穆勒初年屬於邊沁等人的功利派。後則走向孔德，聖西門等人的學派來，在中年以前是信奉嚴格之個人主義，中途則傾向社會主義，於是他便在思想界上跨立於兩個學派和兩個世界上面，他賜於古典學說以燦爛之光輝的是功利主義者個人主義者之穆勒，同時引導此等學說崩壞於新潮流之中的是人道主義化社會主義化之穆勒。因此他的學說便不免有前後大相矛盾和反對的地方非常之多，頑梗不化的正統學派的人們，罵他是異端者，馬克斯一派的社會主義者。則笑他是半覺悟之經濟學者。總之無論怎樣笑罵他都好，他總是不失其爲英國學界中不世出之偉人，這是不可爭的事實。雖然或者有人把他當做一個明達之通俗的解說者而貶黜他的，然而還不能不說把他的眞正價值忽略而妄事批評。不消說，他是和李嘉圖，馬爾薩斯不同，不是把經濟學的法則掛在他的名下，然而他把前人亂雜無章的學說拿來配列在一定方針之下成爲平實曉暢系統整然之經濟學說，把晦澀不明之文體剔除淨盡成爲光怪陸離之科學的說明，把人們目爲殘忍冷酷之經濟學加以人主義的成分而努力緩和，同時由其適當之引例和巧妙之文筆把前人乾燥無法之說法拿來輯補潤色，於是把所謂正統經濟學派集其大成，賜予學術界以光明之手腕和功積，到底非凡庸之輩所能望其肩背，雖在今日還有把他那美麗的文句和可紀念的法式屢屢反復引用之於經濟學講義和議論之中，從此看來，他於經濟學的法則以外所貢獻於經濟思想上的地方是如何之大，就可以知道了。他永久被後世崇敬而目之爲學界的麒麟兒，也可謂不爲無因。他的經濟原論，大約有五十年是在英國的各大學中間採用爲敎科書。卽此也可以見其眞正價值了。

亨利胡賽(Henry Fawcet. 1833-84)

亨利胡賽的著作

在英國經濟學者中間一提到穆勒的大名便被人聯想到的，就是亨利胡賽其人。他在才學上說，雖不能和穆勒比肩，然而他以流麗明快之文筆，傳正統學派之餘韻，把經濟學普及開發，其功積實在不小。他是劍橋大學的教授，關於經濟問題多出於論文講演，其中關於勞動者之狀態，自由貿易等論文，雖然缺乏獨創的才能，然也大有可觀。他又著的「經濟學綱要」，是把穆勒的經濟原論簡略下來，另外添加許多有益的知識在中間，他關於奴隸制度，地方稅，新發見的金礦，貧民法，不動產法廢止等意見，也大有值人注意之處。

第二項　法國

章巴普赤斯特塞(Jean Baptist Say. 1767-1832)

緒論

塞氏在法國可以認爲正統學派之唯一的代表者，在英國方面正統學派的學說，以燎原之勢瀰漫全國之際，而歐洲大陸尤其是在法德方面的學者政治家，都是把亞丹斯密以下的經濟學說拿來一半研究一半批評的。德國的學者固然還有想於英國的學派以外別樹新派的，然法國的學者，則相率而從英國的學風。他們在敘述他人的學說說明他人的思想方面雖然表暴可驚的伎倆，抑又章明較著系統整然的論文著書雖也不少，至於關於經濟的現象，闡明重要的眞理及改善研究方法，在經濟學上有賜予之獨創的人物，那就可以說是完全沒有了。如塞氏雖然不是獨創的人物，然如李嘉圖批評他道：「他是正當領會亞丹斯密的學說而把這種學說適用之於大陸著作家的泰斗，使歐洲國家了解這大有光輝而且有益的學說，端賴此人」。就他正統學派的學說傳播於大陸方面說，實在是有不少的功積。

經濟原論

塞氏生於里昂，起初充保險公司的書記，後來在政治上充一派的首領，當新聞記者，紡織業者，備嘗各種辛酸，終則爲工業經濟的教授，了此殘生。他從某內閣大臣手上借亞丹斯密「原富」來看，還在沒有當保險公司的書記之時。他讀過「原富」以後，大有所感，於是到成爲頗有力量之傳播者止把他熟讀玩味，孜孜不休。他於一八〇三年出的一部「經濟論」(Le Traite d'Economie politipue)，完全是基於亞丹斯密的原富而作的。他方介紹亞氏的學說之際，是正確明瞭，毫不曖昧，其定義堅實，其區分整齊，一絲不亂，以及其適當之事例和暢達之文章，忽然間博得世人的好評，他的著作，由其原本或翻譯傳播歐洲，使其先生亞丹斯密的學說得以迅速地普及於世上。羅雪說：「塞氏關於普通生活固然是和亞丹斯密相同，然就擇政治的現象敏活洞察一點來說，則遠不及亞丹斯密。然而他的歷史的法律的知識之缺乏，不但使他不能夠成為第一流之經濟學者，而且使之在討論國家干涉的問題，貨幣自由鑄造的問題，品評李嘉圖功積之際，表暴可驚的備見。從讀人翻譯的李嘉圖經濟論之際，竟不能發見的誤譯的地方看來，恐怕他關於李嘉圖的價值，貨幣，分配，租稅等理論，沒有充分理解罷。

市場論

不過他在經濟上可以認為一大功勛的，是他的市場論（Theorie des Debanches）。他在其所著的市場論上面反對馬爾薩斯等人否認一般之超過生產，而他却這樣的說：「生產之某一部分，固然可以超過市場之吸力而生產，然在思考供給同時是需要；財貨同時成購買力的時候，則一般之超過生產，是不得有的」。此說不是塞氏之獨創，前人曾經說過，不過他使和自由貿易之說普遍聯貫，而且使和商業上之恐慌論結合，成為特殊的市場論，完全是塞氏之力。

法國的樂

英國的正統學派自約翰穆勒以來，批評之聲，宣騰耳鼓，漸次至

天派

於有轉到新的方向的傾向，反是；法國則堅決固執者「自然的法則」和「自由放任的原則」，據舊派的堡壘而發生反對某種改革之一派，巴斯梯(Bastiat)倖是這一派中堅。他們相信隨社會進步而階級之別漸廢，各個人所得享有的生產自然豐富，人生的幸福和社會的調和自然不期而可以得到，因此一般人便稱之爲樂天派，我在下面無他們的思想略徵說說。

達諾耶(Charles Dunoyer. 1786-1862)

達諾耶的經濟思想

達諾耶是當時法國經濟學者中間思想最健實最有力的一個人，他在王政復古之下以獨立清廉之名聞於世，他著的一部「勞動的自由」(La Liberte du Travale. 1845)，是被人知道是最富於獨創的說明之人。他當時討論勞動的自由之時，使智識上道德政治上的考慮和經濟上的思想互相結合，這眞可以說是他的卓見有以使然。他先把產業分爲人的物的二者，再細分物的產業爲四：「1」採掘捕獲業，「2」運送業，「3」製造業，「4」農業，至如商業則把他和銀行事業公司等合併編入交換的部分。關於人的產業則隨各自的目的不同如：「1」體賤之改良，「2」想像力感化力之養成，「3」知識，「4」道德之養成等等而區別之，進而攷究醫師技術家教育家宗教家等之社會的職務。他對於歷來的經濟學者只着眼於物的產力之生產的效力而忽略人的產業之生產之效力，認爲非是而熱心攻擊。他說一切的價格是由勞力而生，天然力是對於人的勞力予以無代價的幫助，地租是所放下的資本利子之一種，政府無論在甚麼地方干涉產業是決不可以的。他的說法實在可以說是鼓舞美國的克利(Carey)法國的巴斯梯兩人思想的動機。

巴斯梯(Frederic Bastiat. 1801-50)

巴斯梯的經濟思想

巴斯梯雖然不是深遠的思想家，然關於經濟問題却是極有才幹雅負人望之著作家。他是誠實地博愛主義之人，主張自由貿易亦復熱心，對於社會主義也加攻擊。自英國起了反對穀物條例的運動，他便非常同情，著「柯布登及其計畫」(Cobden et la Ligue)一書專介紹柯布登以及其他自由貿易論者的重要演說，同時在其警拔的緒言以十二分的熱誠予對岸的自由貿易論以有力的援助，兼鼓吹自由主義於法國人心。他又在他著的「詭辯經濟學」(Fophismes Economique 1845-48) 上面嘲笑保護貿易論，在「資本與地：」(Capitalet Rent. 1849)，「信用論」(Gratuite du Credit. 1850) 駁斥社會主義。然而他在他所著的書籍中間最能表暴其抱負和特質的，還是他的「經濟調和論」(Hormones Economique. 1850)。這部書的大意是說：「大凡一切的原理，一切的意見，一切的動作的起因，一切的利害，結果都是向大終結的結果方面共同動作的，人類縱然會決不可以達到這終結的結果，然而還是常常越發向這個方向前進的。即一切的有向一個平準方向無限接近以行的傾向，換一句話說：就是社會階級間的差等隨社會之一般的改善而漸次減少以行的」。而他的意見中間嶄新而特異的是價格說，他說價格不是指固有的某物質，是有兩個勤勞的比例之意見，以巧妙的說明來敷陳這個意見。據他所說：「只有人類之相互的勤勞有價格，得求報酬，生產上自然的幫助，要是全無代價，便不能包含物價之中。比方如器械改良及其普遍使用之經濟的進步，生產便容易，勞力也節約，因此有增進一般幸福的傾向——即漸次有從私有的範圍來移物之利用一般以無代價而使人享有的傾向」。他又和克利一樣，主張地租是由凡屬地主或其祖宗原開闢荒地或設排水之法；或加永久的改良而成耕地祇對於勞苦和費用的報酬而成，從價格的要素中間除去天然之無報酬的賜物。他說道：「土地之賜予吾人者，不外是耕作具土地的人們勞動之結果，不單祇穀物之價格是對於其勞力之報酬，就是資本家所得之利益，也不外是勞力之結果。何以故？因爲資本家也是勞力造成的。資本隨文化進步而蓄積多了，因此利低廉，勞動者受取的部分增加，自然放任，勞動者的境遇，也便以次改善了」。這就是他之所以成爲樂天派的第一人之由來。他的學說，不脫天法之神學的臭味，而且他們所說都是常常關於直接政治上社會上的時事問題着筆，因此損失學問的眞價很多，要是從勞資爭議一天厲害似一天的今日現狀看起來，那末；如他所說的「社會的調和」，完全是夢想了。不過他行文的時候，因爲文詞美麗之故，惹起世人注意，尤其是感化及於實業社會的地方很大，這是不可掩的事實。

莫利稅力(Gustave du Molinari)

莫利納力的經濟思想概要

莫利納力是個人主義最熱心之辯護者，於一八八二年以後曾出有「經濟雜誌」行世。他的議論固然往往多少奇矯，然立論嶄新而惹人注目之處很多，關於所有權，奴隸制度，穀物貿易，貨幣，信用，度量，等特別問題的議論，則其最著者也。

波里育(Paul Leroy-Beaulieu)

波里育的經濟思想

波里育是法國有名的統計學者，他關於勞動者之智德的狀態，婦人勞動者。殖民制度等的論文，為法國經濟學會所公認而受賞以來，雖使其聲名揚溢，然使他在學術界上權頭的，還是他著的「財政學」(Traite de la Soinse des finances, 1877.New ed; 1892)，「分配論」(Essai Sur le repartition des ruhesses. 1881)及「綜合經濟主義」(Le Collectivisme. 1884)。他對於經濟問題的偏見雖多，然在利率論，國家企業公司企業的對照論上面所貢獻於經濟學上的實在不少。他主張國家不過是弱者之保護者而已，對於個人事業，決不可干涉，大攻擊政府干涉的不是。

波多里納(Henri Boudrillart)

波多里納的著作

波多利納是哲學家而充新聞記者。委身於經嚴的事實和道德法的關係之攷究，發明很多，他著的「奢侈的歷史」(Histoire du Luxe, 1878)是頂著名的，「經濟學綱要」(Manuel d'economie politique. 1872)，「法國的農民」(Les populations de la France. 1880)也爲世人所激賞。

羅希(Piellgrino Rossi)

羅希的著作

自賽氏死後，經濟學講座一時空虛，無人承之，由羅希出來担任，努力把亞丹斯密馬爾薩斯李嘉圖的教育普及於世，區別學問和技術之時，亦能推陳出新。

栗法榴(Miched Chevalier)

粟法榴的著作

粟法榴是羅希的繼承者，以著作家名於世，而且把在統計應用於經濟學方面表現稀有的才能。交通尤其是鉄道，貨幣問題，是他最得意之作，自由貿易，也是他所熱心辯護的。

第三項　德國

經濟學的輸入

亞丹斯密派的經濟學開始輸入德國，是以詩人希納把「原富」翻爲德語爲起因。希納雖和哥德一樣，同爲人所瞻仰爲德國的詩聖，然「原富」的翻譯，終歸失敗。後來有外少人出來翻譯此書，又有許多人起來祖述，於是正統學派的學說便普及於德國了。但是使正統學派大爲發達步的，還完全是羅易，勒白榴司，邱倫等人的力量，我把各人的思想略述於後。

羅易(K. H. Rau. 1792-1820)

羅易的著作

羅易是發堡大學教授，他著一册「經濟學教科書」，不但包含統計的觀察頗爲豐富，而且論及地理氣候及經濟上的影響，因此有裨益於經濟學之開發的地方不少。羅易起首認為經濟的研究方法有改善之必要，在一八二一年著「經濟意見」，取歷史的攷究之傾向，到後則又以為歷史的研究法不攷究現在的改良，只搜索過去的事實，實不足取，以致不能在歷史派的經濟學方面成為「聖主開基第一功」的人。他的長處，是在知識淵博斷定正確憑敏的眼光選擇材料而把他整理綜合一點，然缺乏創造的才能，因此使抱「徒為有知識的編纂者」以沒世。

勒白榴司(K. F. Nibenius. 1784-1857)

勒白榴司的著作

勒白榴司是普魯士的國務大臣，因為他對於締結關稅同盟非常盡力，以此有名於世。他於一八二十年出了一冊「公債論」，是討論關於資本，貨幣，信用，公債，外國貿易等等問題，在斷定之堅實與引例之豐富方面，是非常重要的著作。

邱倫(Johan Heinrich van Thünen. 1783-1850)

邱倫的孤立

在德國方面亞丹斯密的學說之祖述者當中從農學上的見地為獨創

國家論

的說明，在經濟思想學史上占重要地位的，便是邱倫其人。他開首從事實際農業，討論農業上的學理，後經營實際農業之餘，從事經濟學的研究。他於一八二六年著有「於農業及國民經濟有關係的孤立國家」（Der isolierte Staat in Beziehung auf Landwirtschaft und Nationaloeconomre），這部書上描寫一理想的國家，考究由央市場之首都的距離及於全國各地之農業的影響。他假定其國家到處的地質相同，沒有可通船舶的川河溝渠，全完孤立，和其他的國家社會不相往來，在國之中央有大都會供給製造品於全國境內而與各地的糧食品交換。據他說：「在這樣的國家，近於中央首都的土地，是宜於價格比較大而且運輸費花的多或者易於腐敗而生產的，要是離首都稍遠，則是宜於價格比較少而且運輸費花的少而生產的，因此之故，要假定把孤立國家成一圓形，那末，便以首都為中心可由農產物的種類不同而劃為數條環帶。在第一圈生產野菜牛乳，在第二圈是森林，第三圈是穀物，在第四圈是牧畜，在最後之一圈則行狩獵。要而言之：其土地因為接近都會而耕作方法便成集約的，反是，因為距續都愈遠則成粗笨。他的意思大概是就是在隔離首都的土地，因爲生產農產物品之故，而其所需要的費用是和近於首都的土地相同，而首都附近的地主，運輸費用很少而其所得的利益要比隔隔遠的地主多些，因此其利益，便是發生地租的原因。他更進而討論地租在課於一國的全部或一部之時及於穀價的影響，在這個時候是和工資騰貴相同，再又論及媥割河川之交通機關貫通孤立國家的事體，在這個的時候，圖形的環帶，便屢屢發生以此等交通機關爲直經而形成橢圓形的傾向。他的這種考究，不但祗就關於土地經濟的各種制度及由來而達到可以還保之結論，而且申關於農業上之費用及收入的實際經驗上介紹正確的計算，供給專門家以有益的服料。然而由這樣抽象的研究而歸於實際的事實，不但是頗爲難事，而且把這事的應用方法看來，在孤立國家之想像的狀態以外，完全是屬於不可能的事體。這便是他雖然設各種不同的假定空想使之適合現在世界之複雜事體而終於不能够成功的所以然了。

工資算定的公式

邱倫對於勞動者大表同情。對於李嘉圖的自然的工資鉄則深不滿意，因此熱心研究勞動問題，據李嘉圖說：「工資是由勞動者和僱主的競爭而決定的，自然的工資，不過是於維持勞動者本身及其家族之生活上不可缺的衣食住而已」。然邱倫則以為資本家是由勞動者之幫助而於生產的貨物上壟斷不當的分配，申複雜之教學的推理以算出自然的工資之額，用下列之公式表示出來，Vap這個式子的a，是於維持勞動者的生計上必要的費用，p是勞動者之生產額，要是把這個公式用普通語說明，那末；便是正當的比率隨生產之增加而昂騰的意義。他雖然曾經以為可以把這公式彫刻於其墓標上面自眩而極重視，然而這公式的前題已經錯誤，因此招許多非難，今日維沒有再尊奉他的公式的人了。

赫爾曼(Fredrich Benedikt. Wilhlm Von Herman. 1795-1868)

赫爾曼的功績

赫爾曼是茂里西大學的教授，雖然沒有邱倫那樣獨創的才學，然却精通經濟學說，在其研究之精緻一點，實超絕羣倫。他著的「經濟學研究」，雖通沒成系統的組織，然就重要的特別問題上面實包含有益的議論。他因為有工藝上的知識，因此當討論某種經濟問題之際，大得便利。他的資本論雖是蹈襲氏的轍軌而有使其意義曖昧之嫌，至關於價值，市價，地租的理論，實有大值的賞讚之處。他又將工資基金說的謬誤，加以訂正，當討論價值及市價之際，是由實手買手兩方面觀考來考究，以補救英國經濟學者的缺點，的確可以說是成功。雖然，他之成爲經濟學者而被人重視的，還是「地租論」，他先把地租從主觀的方面觀察，然後把他和地租之純所得的客觀的觀念區別，這是英國歷來的經濟學者常相混同的，從赫爾曼起首纔祇明確，後儒相率仿效，因此爲一般人所推重。

第四項　美國

美國經濟思想不發達的原因

美國到十九世紀的中頃止在經濟學方面，完全沒有甚麽作爲。關於此事雖有種種原因，然而恐怕還是下列的幾個重大原因：「1」美國國民方以全力從事於實際業務然無委身於哲學的研究之餘裕，「2」美國經濟上之急激發達，其間不許有一般的法則之端倪，「3」美國的經濟問題，常供政黨紛鬥之具。在美國十八世紀稍稍發表可以看得的經濟學說，是佛蘭克林和黑彌爾敦兩人。

佛蘭克林(Benjamia Franklin. 1706-1790)

佛蘭克林的著作

佛蘭克林是美國的聞人，一生著作很多。著作的大半雖是說的勸勉節儉之實際教訓，然而其中涉及有益之經濟上的理論，也不在少數。他說價值之眞正的尺度是人的勞力，已先亞丹斯密說過了。在其所著的「就紙幣之性質及其考察」(Modest Inquiry in to the Nature and Necessity of a Paper Curency. 1721) 上面發表嶄新的意見，在「關於人類之增殖的觀察」(Obse rvations concerning the Increase of Mankind. 1751)上面，吐露和馬爾薩斯完全相同的思想。

黑彌爾敦(Alexander Hamilton. 1757-1304)

黑彌爾敦的著述

黑彌爾敦在十八世紀的美國可以目爲經濟學者之中間的白眉，他曾經做過北美的財政總長。關於信用，銀行，賤幣，工業等等曾於一七九〇年和九一年出了極有價值之報告書。他在一七九一年的報告書上面痛論自由貿易主義。祇在萬國同時採用的時候便得以實行，製造業比農業的生產力更大，要振興製造業，實有採取適當的保護制度之必要，因此把疑懼美國將來製造業之發達的實業社會之迷夢一掃而空。後來李士特 (F. List) 之所以鼓吹保護主義，實由于他在美國亡命的時候受黑彌爾敦的著述之感化很多所致。

經濟學之發達

在當時之美國亞丹斯密的「原富」，已經重印到三版了，李嘉圖的著作，已被翻刻，塞氏的書籍，已經翻譯，學者相繼把正統學派的學說拿來祖述批評，經濟學的研究遂至日新，然除克利以外，餘均人云亦云，值不得詳論。

克利的著作

克利(Henry Charles Carey. 1693-1879)

克利是美國經濟學者中間的泰斗，又是樂天派中的一個人，所以特別得名。他雖然在「工資論」(一八三五年)，「經濟原論」(一八三八)

。「信用制度」(一八三八年)。「利息之調和」(一八五〇年),「過去現在將來」(一八四八年)等等的著作上面大主張其獨特的意見,然而最有系統而最廣汎地披瀝其思想的,還是他於一八六〇年出版的「社會原理」。

關於富的新論

他關於富的思想,是和歷來的學者所懷抱的意見不大相同,他以爲一國之富,不是可以由於財產之交換價值而計量的,是當由於其國民所享有的効用而測定的。據他說道:「財貨之交換價值,固然從世上之文化進步而相繼減少,然一般人民所享有的財貨之効用,却是越發增加,比如因爲機械的發明以致日用品之生產費減少的時候,其價值低落,而一般人民反因此得以多多的使用,這就是很自明的事體。要之財貨的價值,是由除去財貨的障礙之程度而定的,除去其障礙容易,而財貨的價值,便就減少。因此財貨的價值,決不是如李嘉圖所倡導的由其生產費而定,是應當由其再生產費而決的。換一句話說:財貨的價值。不當由於在過去生產其物件所必要之費用而決定,是用憑現在的智識和熟練而生產同一物件所必須之生產費而確定的。比如製鉄事業的生產已比歷來的費用減少一半，在減少之時誰也不應當支付的代價去買鉄，此時人們向鉄支付的，是在新發見的方法製鉄所需之生產費。卽是決定之代價的，不是生產費而是新生產費」。這就是他的新論。要是新的發明連續不絕起來的話，那末：他的學說或者可以適於事實，然在其他的地方，財貨的價值，仍然可以說是不外乎由於生產費而决定的，則他的學說，不免貽「見一斑而推全豹」之譏了。

工資與利潤

他關於工資利息的說法如下：他說「資本這個東西，不借人力便不能活用，因此需要人之勞力隨資本的增加便越發大，工資也相繼昂騰，勞動者的狀態改良，勞動者在將來便到應當掌握經濟上的大勢力之時了。古代奴隸制度盛行，中古時代人民的大多數還是固守土地，然到將來，人民都應當享幸福安樂之生活。反之；他方在資本盛行蓄積的結果，資本家之間不絕地競爭，資本的利潤，便應當逐漸低廉」。他在這一點，的確是和巴斯梯一樣做「太平之夢」的。

對於李嘉圖地

他觀察美國特別之地理的狀況底結果，於是駁李嘉圖的地租

租說之駁斥

論。他說道：「李嘉圖的地租論是空想，完全和實際相背馳。何以故？據李嘉圖說來：人之耕作土地是先由上等土地纔低漸次及於劣等之地的。這完全和事實相反。人類起首移住新開地的時候，首先耕耨的，不是平原沃壤而是山腹瘠地，殆及資本蓄積人口增加以後，纔祇耕耨膏腴之地。因此作生產物之一部的地租，雖然是和資本的利息的利息一樣隨時代進步而低減的，但是絕對額之對於地租，還是永不增加的。而勞動者的所得，無論是生產物之一都也好；或是絕對額也好，都是可以同時增加的，因此這等不同的社會階級的利益，決不相衝突而常相調和的」。

對於馬爾薩斯人口論的駁斥

他又反對馬爾薩斯的人口論，以為人口增加，決不是可憂的現象。他說道：「人口增加，不是使一個人的生活困難，卻是使其生活平易的。何以故？因為人類不但不能夠離羣索居而可以生活，就是孤立的人，也是不能夠駕馭天然而不能不受天然的支配。要是人口增加，互相與置交通機關；交換思意，那末；便可以使其生活便宜而容易了。要而言之：要極度文明的地方，然後人口纔祇可以發達的，試以美國爲例，人口多的東部很進步，人口少的西部，則爲貧國。而且人類的生殖力，是隨其精神的機能之發達而逐漸減退的，因此關於人口增加的事體，决不須像馬爾薩斯那樣抱杞憂的」。

保護貿易論

就以上的議論推測起來：克利雖然好像是一個極端的自由貿易論家，實則不然，他是一位極熱心的保護論者，眞不能不說是很奇怪的事情，這也是由於他相信土地的生產力是要逐漸消盡的緣故。他說道：「從土地取得的東西，仍不能不把他返還之於土地。大凡從土地出來的東西，要是實在從土地取得的話，那末，要想不使土地消瘦，就務必要用力把他恢復舊觀。如果這樣的話，那末，使消費者和生產者互相接近的事體，是頂要緊的，要是任農業家輸出農產物於外國的時候，就是可以比在內地販賣，多得利益，然包含於穀物中之礦物性的原素，拿到外國去，便會永久可以損傷土地之生產力他，因此在農業地帶的左近，要使工業發達，人口集中於此地，亦把農產物輸出於距離窵遠的土地，這是務必要注意的事體。所以爲維持土地之生產力之必要故；而使工業發達，到可以和旁的有力之工業國家競爭爲止，用保護關稅之制度以圖本工業的振興，固不消說，就是穀物的輸出，也一定要努力禁止的」。

要而言之：克利的學說。一方面反抗馬爾薩斯李嘉圖的議論，他方面則又對於社會主義加以攻擊，而努力維持正統學派的主張。他

他的學能之眞價

的學說，無論何時，都是極端樂觀，他相信美國的天然富源，極爲豐富，總可以使人享受無窮，尤其可以使勞動者過極安穩之生活的。而在他說的當中，處處都表現活潑的生氣和難以仰制的意氣之縱橫，然因此喚起一般人注意，但是可惜他的話和實際相反以及論理矛盾的地方很多，在學問上還是不能够占重要地位。

喬治亨利(Henry George)

喬治的生涯及花述

在美國的經濟學者當中如喬治亨利其人，恐怕還是毀譽參半的。有的人極端非難他，有的人又極端賞揚他，或者是偏重感情，或者是不知道他，因此對於這極聰明的作家之批評，概欠公平。他生於

一八三九年，於一八五七年在舊金山當檢字工人，充水夫，做礦夫，做新聞記者，充僕役，殆後住居紐約，出了很多的著作方纔成一個富人。他於一八七一年著「吾人的土地及土地政策」(Our land and land policy)，一八八一年著「愛爾蘭土地問題」(The Irish land question)，一八八六年著「保護貿易與自由貿易」(Protection and free trade)等書，以於一八七九年所出的「進步與貧困」(Progress and poverty)為頂著名。

土地綜合主義

他是土地綜合主義的急先鋒，因此受經濟者及社會黨的攻擊。他承認資本是生產的要素，尤其是了解在生產方面使用器械的利益。他又辯護利息利潤是極正當，絕對否認資本與勞動的利害衝突。然而他反對馬爾薩斯的人口論，排斥地力迭減的法則，在某種制度的意義方面容認李嘉圖的地租論。他以為土地私有是侵害一般人自然固有的權利而攻擊他，以為地租之不勞所得及土地所有者的專有權是產業的恐怖。利息來潤迭減的原因，也就是貧窮的原因，他驅除現代社會的惡弊之策，是主張無償的沒收地租之不勞所得，課土地單一稅，把歷來的土地所有者，變爲名義上的土地所有者。他相信要這樣，然後工資利潤纔能增高，政治的災禍纔能救濟，國家的歲入，纔能夠格外豐富。

進步與貧困的價值

喬治亨利的土地國有論，從純正的學問上之見地說，雖然是不足重視，然而他在「進步與貧困」中間描寫新世界的活躍與其絢爛如花的文筆刺激人心的地方很多，所以「聲名籍甚」再他在學問上的立場，固不應當屬於正統學派，然從他的研究態度看來，又不屬於歷史派，所以爲便利計把他附記於正統學派之中。

第三節　非正統學派

第一款　英國

英國的經濟攷究之轉調

自穆勒的經濟原論出世以後，整整們二十年，英國方面對於正統學派反對的聲浪，少有聽見，縱麼偶有試行駁斥的，也毫不占勢力。到一八六〇年左右，對於正統學派反對的熱度，漸漸增加，一方面有蘇敦等提倡改革的新主義，他方面又有季文斯盬指摘古典派的缺點而加以論評，而恩格蘭葦也提倡以歸納法來代演繹法而想使經濟學的考究方法一新，於是熱中祖述正統學派的英國經濟學界，至是一變其態度，而向刷新的方面前進了，

蘇敦(W. T. Thornton. 1813-1880)

對於工資基金說的反對

蘇敦是穆勒的朋友，又是當時著名的經濟學者。他著了多少書籍，以最後所著的「勞動論」(On labonr. 1875)爲頂著名，他在這冊書上痛切的攻擊穆勒的工資基金說道：「我對於工資是由資本支付的事體，雖不反對，然而應當支付於勞動者的資本之基金，還是不外乎在直接使用勞動者的人之手裏的資本之供給」。於是他便由在一定的時地由於所有者的意思而將一定財富的分量成爲資本或可以成爲資本的話拿來做根據，而得一個結論，說是所謂工資基金，不是確定不動的。他說：「要是實際在這裏稱爲國民的基金，那末，這種基金，仍然不外乎屬於雇主階級的一切人所有之零碎的基金綜合。甚麼人所有這種基金？………用甚麼作比例

來從這種基金去支付勞動？……完全是由當時事情而定的」。

非基金說的效果

蘇敦的這種批評，於的使穆勒拋棄他自己的議論——穆勒看見他的議論，便申明自己的誤解，承認蘇敦攻擊的正當。克安斯說：「穆勒服從這種批評，未免過早，恐怕是穆勒在當時偏於感情，同時埋頭於研究其他的問題，沒有閑情逸致去靜思默考的緣故罷！」

勒斯利(T. E. Cliffe Leslie. 1825-82)

歷史的研究

勒斯利是英國經濟學者中間對於本國的先進完全取反對態度；而應用歷史的方法研究經濟學的第一個人。他用歷史的研究方法，完全是由於他周遊各國視察各地人情風俗彼此互相差異之故。他本想要著一冊經濟學，曾在各地方搜集材料，起草業已及半，不幸而這種草稿在旅行中間遺失了，沒有許久他便與世長辭，因此想要窺見的議論，除了他在各種雜誌報章所投的論文以外，別無他法。無關於金銀的分配，價格，欲望，工資，利潤等等。曾發表過嶄新的議論。他對於正統學派所說的「富之欲望」(Desire of wealth)，認為粗笨模稜而攻擊他，他以為在正統學派所說的欲望中間，是包含有欲望 (desire) 缺亡(want)感情(sentiment) 的意義在內，而且欲望，缺亡，感情，不但是性質上不相同，就是在經濟的結果方面，也是完全相異的，因此想用這種模稜兩可的欲望的字義去說明自愛他的各種經濟的觀念，是不可能的。他又以為工資基金說是憑空虛想，正統學派所倡的工資及利潤之平均比率說，不適於事實，而極力排斥。

他的功績

他在經濟學上重要的工績，是在於哲學的原理上面建設經濟學；用歷史的研究方法來作經濟的考究之適當方法。他說道：「純粹的演繹法，不能够說明左右富之性質與分量的原因以及在相異的社會制度之下的分配之異同。無論從那一國看來，其全體經濟，都是經過長期的變動而進化的結果，現時的經濟現象，不過是其進化之特殊的方面而已，要是想發見支經濟現象的法則，那末，便一定要在歷史和社會以及社會進化的一般法則中間去求。社會進步的方面——知識方面——道德方面，政治方面，法律方面，經濟方面，都是有密接不可離之關係的，在一方面社會的運動的影響，可以波及於他方面的，英國以及其他各國經濟情況，都是其國現有的政體，宗教，科學，技藝，農工商業所產生的一般運動之結果。所以人們要是想知道現代的經濟關係，便不可不尋其歷史的進化，而經濟學之哲理的研究方法，也不可不把其進化之理法，加以解說」。他所披瀝的經濟意見，雖然不過是散見於斷簡殘篇之中，至其功績，還是比組織完整，卷帙浩繁的許多人士要大的多。

恩格蘭（John Kells Ingram. 1824-1907）

恩格蘭的經濟學史

恩格蘭也是盡瘁於歷史派之發展的一個人，也欽佩孔德頂厲害，想把孔德當做歷史派的開山祖；把經濟學作爲社會之一分派的。他的這個意見，容在批評孔德學說的時候，再來說明他的錯處，這裏姑且不談。不過他著的「經濟學史」(History of Political Economy)，實以見解超邁羣倫；知識淵博得名，他的這篇論文，自一八八五年刊在英國百科全書第九版以後，不久美國遂印爲單行本，哈佛大學採用作教科書，及一八八九年作爲著述出版以後，遂翻譯爲歐洲各國語，而影響於經濟學界很大。他對於經濟學的意見，大抵以爲：「正統學派的學說，過於個人主義的；過於不道德的，而且過於側重交換價值的，同時他們的理論，過於先天的，而且過於非歷史的，因爲在經濟學之新的研究方面，應該把基礎築在現代之生物學與物理學上；而且當求富之之法則之際，應該不從人類利己心之要求而從富之許多事實而推敲之。」

克安斯（John Elliot Cairnes. 1824-75）

克安斯的生涯與著作

他和恩格蘭，勒斯利輩都是愛爾蘭人；又是同窗的學友。然而他却不同恩格蘭們一樣反對穆勒學說，而自稱穆勒的門人，把穆勒的學說勉爲敷陳，間或把穆勒的謬誤，加以訂正。他在學問上的功績，尤其是他在最後十年間病中研究的努力很大。他於一八五七年著「經濟學之論理的方法」，(Logical Method of Political Economy)，在這一方面的研究，當時實罕見其儔。

非競爭的集團之理法

克安斯的著作很多，最有名還是算一八七四年出版的「經濟學綱要」(Some Leading Principles of Political Economy Newly Expounded. 1874)，他這冊書分為三部分：「1」價價，「2」勞動。「3」資本及國際貿易。他解釋「價值」的意義，把季文斯所謂「物之交換價值，完全在乎效用」的話以駁斥，對於亞丹斯密以下的學者所謂天然價值的名稱認為不大正當，把他改為標準價值(Normal Value)，論列支配標準價值的法則與決定市場價值的差異。其次便是他由他有名的「產業界之非競爭的集團之理法」(Theory of Non Competing Industrial Graups) 中間證明決定價值不單是自由競與生產費是由於相互的需要而決定的。他說，「內國產業方面雖然比較外國貿易競爭自由，但是其競爭只能充分於資本之部，至於勞力之部，則只行於某社會階級(Social Strata)或產業階級 (Industrial Strata) 以內。產業界是有多數集團對立的，無論那一個集團的勞力有餘剩，便不容易在其他集團以內求得職業的，從而此等集團是在非競爭的 (Non Competitive) 狀態中間。所以生產費決定物價的原理，在國際貿易方面固不消說；就是在內國貿易方面也是不適用的。何以故？此事就勞力及資本不行競爭的國際貿易說，是自然易白的道理，同時就關於勞力沒有競爭的內國貿易說，也是在非競爭的集團之間，沒有効果的。所以在這集團中間支配價格的法則，是可以與國際價格的法則同視——即依據相互需用之平衡法（Equasion of Reciprocal Demand）。各集團間之生產物關係的市價自行決定，彼此足以相償。而一方面，這等集團之間的互相需要，是爲決定各集團以內物價之關係的平均標準，同時在他方面，生產費決定各集團以內各個生產物之價格。」他的這種議論，算是推陳出新，可惜他過於尊重這種理論，想使他絕樣的貫澈，而且當討論價格的時候，把價格的効用和限界的効力之差異，完全抹殺，這不能不說是他的缺點。

工資基金說之擁護

他在工資部分。把穆勒已經一度丟掉的工資基金說當做經濟學上之重要眞理而復興起來。前面曾經說過；穆勒因爲蘇敦攻擊，於是把工資基金說拋棄，克安斯不但反對蘇敦的議論，而且非難穆勒之服從蘇敦是過於輕率。他以為「資本支付資的分量，只要一國的產業的性質和生產方法不變，無論在甚麼時候，要是知道一國的總資本額，那末；測定其國的工資基金，決非難事。」他從這種見地來圖工資基金說復活。

國際貿易論

他的貿易論，也很重要。他把李嘉圖的國際貿易論以及穆勒的國際貿易，大加修正。他以為內國的物價，於生產費以外，還是被一部分相互需用的關係所支配，對於李嘉圖的說法，加以輯補，又把穆勒論一國生產物和他國生產物交換的價格比率中間一段文句：「一國輸入總額的價格，是恰好和應一國輸出總額的價格平均的，」換為：「各國由其輸出的方法而支付外國貿易上的負債，」他從這等議論而論及自由貿易問題，把一般人所相信的美國工價很高不能和工價很低的歐洲各國家競爭的念頭打破。

季文斯（William Stanley Jevons. 1835-82）

季氏的生涯

季文斯於一八三五年生於利物浦，及長習化學數學，後來研究論

和著述

理和哲學。從一八六六年起到七六年止，在滿切斯特的奧文學院充當授教，從一八七六年起到八一年止在倫敦大學充當經濟學的教授，越明年他便溺水死了，因此關於少問題的重要著作，都沒有成功，眞是可惜。他的推理力逈異凡人，因爲數學精確，所以他的統計的觀察力也非常卓越。他的這種才能，無論在草簡易平凡的「經濟學初階」(Primer of Political Economy)的時候也好，在草「經濟學原論」大著作的時候也好，都能於隱約之間有所閃躍，這雖然是他的長處，但是他的證明材料，往往不大充實，尤其是有故作奇怪議論以震駭時人的氣習，這却不能不說是他的短處。

貨幣論

他的著作中間最惹人注目的，便是「金塊價格之暴落」(A Serious Fall iu The Value of gold. 1833)，他討論這個問題的方向，完全和克安斯不同。他在一八六五年出版的「石炭問題」(The Coal Question)中間論列地球上的石炭採掘，在將來會當消盡，曾惹起許多人的批評。再古來在充滿多少圖解說明的無數經濟的統計論文當中，認爲秀逸超羣的，恐怕還是他的幾種：「1」市價之變動，「2」英關銀行準備金塊之折扣率。抑又關於應用經濟學方面，他曾經著了「貨幣論」(Money and Mechanism of Exchange. 1875) 是他死後出版的，關於當時單複兩本位的激烈論，曾經發表敏活智慧的意見以最穩健最公平的態度來發表單本位論，關於內國及國際上最完全的貨幣制度，也陳明各種有益的考量，尤其是把減少英國流通紙幣額的利益詳細論評。他有想使勞動社會地位昇進的考量，而同時又充分懷抱自由主義的思想，對於社會問題，承認有國家立法的必要。

數學的方法

他於一八六二年為想使經濟學立於數學的方式之上，曾論列數學的方法是足為設定確切之經濟學原則的唯一正當方法，他的消費論，便是本著這個旨趣起草的。然而把數學的方法絕對應用於經濟上，又叫做「限界効用說，」大旨不外乎「在交換時地所讓渡的貨物數量與其所指示的數量單位之相乘數，是和讓受的貨物之同一相乘數相等的」一點。不過他因為過於意用數學方法來說明經濟學的緣故，於是在數理的推論上費了百餘頁，結果本是一目了然的問題，而卻使之晦澀無比。他關於工資模倣法國經濟學者的空洞議論，於是使他的聲名，一落千丈。

第二款　法國

孔德 (Auguste Comte. 1798-1857)

孔德的經濟思想梗概

以哲學家著名的孔德，在其「實驗哲學」中間，對於歷來的經濟學，發表反對意見而創設社會學派的經濟學。他以為「經濟現象，是和其他的社會事實有不可分離的密切關係，因此經濟學也便不能够離開一般社會而來創一個研究的獨立部分。大凡經濟上的現象，都是社會生活的原因結果之間有不可分離的關係，因此不能把這種現象和他種現象分開研究——即經濟的事實，不考量一切共同的原理便不能够說明，同時，經濟的方略，不考察一切共同的結果便不能够思考。」他的這種見解，在經濟學上的影響如大，如恩格爾，斯賓塞，穆勒，馬雪耳等人，都大受其感化。不過人類社會之中，由某單一的原因而發生許多的結果；同時多少原因相同而發生單一的重要結果的事體，徵諸實驗而明，和社會生活的其他方面獨立來把經濟現象說明，研究經濟行爲的規則，並非不可能，況且學問不專門研究，便無由進步的，他的這種說法，未免過於重視社會學，把經濟學太看輕了，我們竊有所不取。

西士蒙(Jean Charles Leonald Sismondi de Sismondi. 1778-1848)

西士蒙的著作

和孔德同時的另外有一派，是反對個人主義和樂天主義而主張社會的改革之必要的，如西士蒙便是這一派的代表。西士蒙擅長歷史文學，復又精通農學。他的著作中間如「中世大利共和國」，農業經濟兩冊書，雖然都負盛名，但是充分發表經濟學的意見的，還是他的「經濟原論」(Principes D Economique. 1819)。他起首是很爲重亞丹斯密之學說的，殆後觀察社會之實際的狀況，便對於亞氏的議論懷疑，以爲正統學派的經濟學。不過是單只研究富之增加；忘卻爲增進社會全體幸福而把富使用的儲金學而已，於是發表對於意見。據他所信：以爲「自拿破侖戰爭以後的英國大起恐慌的原因，是生產過剩，惹起生產過剩的，便是自由放任主義。在古代的社會，因爲各種束縛的緣故，不及自由放任時代之急激進步，也便沒有象英國那種恐慌之殘酷的反動。亞丹斯密重視財貨的生產，至於生產進步對於社會全體有甚麼影響，他并不研究；眞是大錯，他們所主張的自由放任，是失却人民大多數的幸福，無限制的競爭，使貧富的懸隔很大，富者壓倒貧者的事體越發强暴，產生弱肉强食之悲慘的結果，因此之故，政府應該在這中間試行干涉，採取仰制强者保護弱者的方針。不過政府保護弱者的事體，無須乎要學中世紀行過的一樣用法律限制物價，工資，利率，只要使企業者給勞動者生活以充分的分量，便就够了。所以如英國的救貧稅制度，單是製造家是一定要納付這種租稅的。要而言之：他的學說，是在國家對於勞動者應該充分保護，為圖生產的增殖，應該要計及社會全體之精神上的進步。

路蒲勒(Le Play. 1805-82)

路蒲勒的生涯及經濟思想

路蒲勒在經濟學上的貢献，比西士蒙還要多一點。他是法國礦山監督局長，關於創設萬國博覽會的事體，他的功勞很大，又曾遍歷各地考察勞動者之經濟的情形及道德的狀況，曾在他所著的「歐洲之勞動者」，「新舊兩世界之勞動者」，「法國社會改良論」等等書上面，發表視察考究的結果。他固然是反對極端之個人主義的，却又并不因此排斥自由競爭。他想使以前作家長所有的權力恢復；使企業者以前以前在工場的地位復歸，來把社會的弊害匡正。但是他却又並不因此想使古代及中世之基爾特復興或家長的支配權復興，只想實行家庭企業的制度而已。因此之故，他主張遺產之限制的自由，對於法國法典所規定土地承繼之强制的均分，極力反對。他除在應用經濟學建有多少功勞以外，就是在純正經濟學部分，也貢獻的不少

第三款　德國

亞丹繆勒(Adam Muller)

德國反對亞丹斯密的兩派

亞丹斯密的學說，在德國方面很占勢力，同時反對他的也有兩派。一派是由亞丹繆勒所代表的復古派，一派是由李斯特所代表的保護貿易派。這兩派關於經濟學上的理論，有許多地方

很能推陳翻新，造成歷史派勃興的動機，因此有多少學者把這兩派列在歷史派中間的。

亞丹繆勒的態度和著作

亞丹繆勒極力反對自由主義，對於中世紀的封建制度之下的經濟狀況，羨慕不置，想把這種經濟狀況復興起來，曾在他所著的「政治便初步」(Elemente der Staatskust. 1809)，「貨幣論」(Versuch einer neuen Geldtheorie. 1816)，「理論的經濟學之必要」(Nothwendigkeit einer theologischen Staatswissenschaften. 1819) 書籍中間發表他的這種意見。他是一位很頑固的復古論者；同時又是一位極熱心的國家主義者。他以為封建時代之基爾特制度是使人團結一致值得讚賞的制度，而且以為一切物質，在個人與社會兩方面固然都是有用的，他承認是當時蓋世無雙的學者，值得激賞，但是對於亞氏的學說，則以為過於利己的；個人的，現金主義的，而極端反對。據他說：「亞丹斯密這一派的學者，是只把社會認為機械的；物質的，把一切道德的力量和道德的秩序之必要，一筆抹殺，而且他們所說的，溯厥根源，要不外乎私有財產和私人利益，至於從國民的結合和歷史的繼續上面來考察全體的國民生活，完全是沒有想到。他們只對於有交換價值的貨物之眼前生產和個人之一時的生存，特別注意，關於國家有對於將來時代的生產總體之維持和智能的產物，權力，所有，享樂，以及最高的任務和最高的目的，絲毫無所顧慮。各國民實具有決定生活的確定目的和歷史的過程之特性的有機物，是很明白的，各個人無論在甚麼時候是成為一整個的，而且現在是過去之後繼，因此關於將來社會之永久的善，也應該不絕地留意纔行。國民之經濟的存在，不過是國民全部活動之一方面，關於社會其他更高尚之目的和調和，是一定要保持的。至於當這種調和之任的，是國家來代表國民生活之全部的。彼亞丹斯密輩，固然單只認物質的資本，而不認精神的資本，然前者是由金銀代表，後者是由各國民之言語所代表的，經驗，知識，思慮，道德之感情之眞正地國民的儲蓄，再來使之增加由一時代而傳承於其次時代的。加以在對於封建時代之精神與社會制度全體之內的關係巧為保存或維持的英國，像亞丹斯密的說法，固無不可，但是在和英國完全不同制度的歐洲大陸，應該要傾全力在國民之眞富與國民民力之生產上來謀勞力之分工，有形的資本之增加，同時幷關國民的統一，知識的道德的資本之向上。」由是看來：在他的思想之中，可以認爲是具有德國歷史派的特質了。

李斯特(Friedrich List. 1789-1846)

復古派在把經濟當做國民的；否認宇宙的永久的法則一點，雖然和羅雪爾的歷史派相類似，但是他們的說法，單是追慕過去的制度以及批評亞丹斯密的學說而已，至於促進經濟學上之進步的事體，還是不大顯著。反之；如李斯特輩的保護貿易派，則以透徹的實際的烱眼觀察新時代，攻擊亞丹斯密派走極端，在經濟思想上別開生面。

李斯特的生涯

李斯特研究新時代，曾經考察用甚麼方法以應新時代之進步的需要。李斯特以一七八九年生於符騰堡(Wurtemberg)的壘特令埠城(Rentlingen)，他的父親是一個皮革匠主，他則棄乃父業務而作官吏，曾經做過內閣書記官長，後隨黃金漢(Vou Wangenheim)辭職(黃氏是一勵行新政赫赫有名的總長)，反對政府，因此遭忌逃於美國，後發見炭礦，積資很多，於是再回德國，對於敷設鉄道，締結關稅同盟，盡力很多。不過他不性激烈，爲流俗所不容，遭遇轗軻，牽至一八七六年自殺於山中。

國民經濟論

李氏卓拔嶄新的意見，於一八四一年出版之國家經濟學(Das Nationale Sastem der Politischen Oekonomie, 1841. 7ed. 1883.)中間，可以窺知一二。他在這部書中間對於亞丹斯密等人所說的個人之經濟的行爲是和國民之經濟的行爲一致的說法，表示反對，他的主張是：「國民是由言語，生活狀態，歷史的發達，敎育，憲法而結合的，這種結合，實爲個人安全，幸福，進步，文化的第一條件，因此個人之經濟的利害，爲維持國民，使國民完全，强健國民之故，不可不立於從屬的地位。國民因爲有繼續的生活之故，國民之眞正富力，不在乎由於國民所有交換價值之分量，而却在乎國民生產力之充分而且多方面的發達，從而比國民經濟敎育之價值的直接生產還重要，固不待的，而且國民爲獲得將來的力量熟練之故，便不能不犧牲現在的利益和享樂，也是很明瞭的。在達到經濟之成熟期的國民之健全的發達狀態，農工商業固同是一樣發達的，然予國民之文化和獨立有效的影響很多的，是工商業，純粹的農業國，遂不免於沈滯，缺乏企業心；爲時代遲遲偏見所支配。」

國民經濟發達的階級

他以人民主要經營的生產標準，分國民之經濟的發達爲不列之五階段：「1」漁獵時代，「2」牧畜時代，「3」爲藥時代，「4」農工業時代，「5」農工商時代。他以爲：在第一階段，國民經濟全未成立，在第二階段，精神的活動還是不活潑，人民普通都是在困難的境遇之中，到第三階段，工業發達，人民之精神的活動發生，一國之富，也從而增進，到第四階段，則便達到經濟成熟的境界。現在經第三階段第四階段的，只有英國，法國僅與此相近，德國和美國，現今還在第三階段，如意大利，西班牙，葡萄牙，則在第二階段。至使國家從第三階段而昇於第四階段，固頗爲困難，然排除這種困難而達到其目的，是國家的任務。國家爲達到這種目的最有力而且最必要之手段，是保護關稅制度，國家爲使本國幼稚的產業堪和外國競爭之故，一定要採保護貿易主義。本來在產業幼稚的農業國家，採自由貿易主義和富庶而且開化的國家交易，由外國輸入製造品和原料，因此剌激或改良本國的農業，誠屬必要，但是爲該國要進到工業國家的程度之時，則一定要採保護政策，防止外國品在本國市場競爭，使該國之工業發達。但是若該國的工業進步、到和英國一樣；和外國競爭可操勝算的時候，當再實行自由貿易而活躍於世界的市場，要而言之，保護政策是一時的手段，在過渡時代應當採用的。不過一國國民於實行保護政策的時地，該國民要犧牲一時的利益，固屬在所不免，然而其犧牲決不是永久的，而且可以做增加該國生產力的動因，因此，一時的犧牲，足以償多年的利益而有餘。……對於外國實行保護關稅，同時在國內便一定要除去一切交通的障礙，改良交通關機，使運費低廉，使各種生產業互相接近，在生產者和消費者之間，也一定要使其直接交易。因此之故，便有縱橫開鑿大運河，延長鐵道於國內之必要。

李斯特學說的影響

以上所列，是李斯特學說的大意，他再進而爲德國國民經濟進步之故，而倡言有擴張領土以及及在國內振興商工業之必要，因此之故，而又達到有包括德國全境設關稅同盟以及實行保護政策之必要的實際地結論。在這時候，恰是德國人想出統一而得到權力和獨立，而且德國的產業，也是想恢復固有之地位的時候，他的這種學說感動人心的力量很大，在德國的產業政策上面，也有很重要的影響，不過他的學說無論在那一點都帶有重商主義的臭味，從現今的眼光看起來，完全不過是一種復古的學說而已。

第四節　社會主義

第一款　概論

正統學派與社會主義

到十八世紀的後半期，現代之資本主義制度，漸漸表現其特徵，於是有所謂正統學派起來，對於資本主義的精神和意義，努力解說和宣傳，及到十七世紀的初頭，資本主義的惡弊百出，於是有所謂社會主義出來，對於資本主義揚猛烈攻擊的烽火，遂和各種政治運動結合而在現代成爲一大勢力，這是歷史上極堪注意的事實。

社會主義的意義

社會主義是甚麼？這個問題很難得一個簡單含蓄的答案。第一，因爲社會主義所包含的問題甚廣，經濟問題，固然是主要問題，然而此外還包括政治，法律，哲學，藝術等各方面的問題。第二，因爲社會主義，除正統的馬克斯派 (Marxism School) 以外，還有許多流派。他們所理想的將來社會，既各不同，因之社會主義的觀念，就不一致。所以在簡單答案說社會主義是甚麼？的確不大容易，然而也並非不可能的事體。我現在列舉幾個經濟學者和社會主義的定義，然後再自己下一定義，英國的穆勒的定義是：「社會主義的特質，在社會全員共有各種生產機關和手段，其結果就是一切生產物的分配，都要依社會的規則，公同處理。」栗夫勒 (Prof. Schaeffle) 的定義很長，大概是：「以集合資本制代私有資本制，集合的生產方法，來廢除現在的自由競爭制。」美國伊利教授 (Prof. Richard Ely) 的定義是：「社會主義，是一種廢止生產上物質的大機關的私有，而代以共有制的產業社會。」德國瓦格納教授 (Prof. A. Wagner) 把社會主義和資本主義對照而下社會主義的定義道：

「社會主義是要物質的生產手段，不能像現在一樣，主要歸社會內各個私人所私有，一定要歸社會本身所共有。因之不能一方面有目的在得利間的私人企業，別方面有依據勞動契約而得工資的工錢勞動者。」以上所舉的各經濟學者定義，雖字句之間間有差異。而其中都有個共同點，就是社會的特徵，在廢除物質的生產手段的私有，而代所社會共有。以下再列舉幾個社會主義的定義來看，美國克卡樸(Kirkup)道：「社會主義的本質，在使產業歸共有生產手段的勞動團體來經營。現在的產業，雖然是由互相競爭的私人資本家役使役勞動者而經營，將來必歸共有資本，而以公平分配爲目的的工會經營。」法國馬克斯派社會主義者挪法極(Lafargue)道：「社會主義不是甚麼社會改良的方法，乃是一種學說。信奉這種學說的人，相信現在制度，不久要進化，以廢除資本的個人私有爲手段，而建設資本的勞動團體的共同所有。所以社會主義，就其性質而說，乃是一種歷史的發見。」恩格爾(Frederick Engels)道：「生產手段一歸社會掌握，商品生產就可廢除，同時生產物支配生產者的事，也可以全廢。生產的無政府的狀態，就會消滅，而確然有秩序的組織將代之而興。各個人之間生存競爭，完全消滅……向來圍繞人類，支配人類的一切事情境過，現在都要受人的支配，到了這時侯，人類才成爲自然界的眞正所有主，因爲他現在纔成爲社會組織的主人。」俄國共產主義的布哈林(Buharin)道：「共產主義社會的基礎，在公共所有生產手段，及公共分配財富……共產主義社會的又一特徵，就是破壞掠奪關係和廢止階級的對立。」社會主義的定義，實在是非常之多，不遑枚舉。然而他們的根本思想是有一種共同點的：就是廢除私有生產手段，而代以社會公有，廢除產業的私人經營，而代以社會公營。然而社會主義，爲甚麼主張共有生產手段？公有生產手段，是社會主義的目的或手段，上列的定義，除般格爾和布哈林以外，都是似乎說公有生產手段，就是社會主義的目的。其實不然，社會主義不過以公平生產爲手段，他別外有目的，如果定義之中，不包括他的目的，那就既不正確，又是淺薄。所以我現在試下定義如下：「社會主義的目的，在社會平等的保障各個人的物質生活，以使各個人得完全而自由的發展其人格；而以共有生產手段爲達到這個目的的手段。」這樣看起來，共有生產手段，不過是要達一種目的的手段。因爲社會主義的終極目的在使各個人得完全而自由的發展其人格，而要達這個目的，須先使各個人的物質生活有平等之保證。然而要社會保證各個人的物質生活，就不得不先收生產手段歸公有了。

社會主義的變遷

本來爲正義，人道，社會幸福的緣故而求富之公平的思想；或由財產之公有共用而實現理想的社會之希望，老早就有了的，如柏格圖之共和國，基督教之理想鄉，穆勒之烏托邦，固然都可以認爲社會主義之最澈底的，不過此等思想及教義，不外乎是當時的哲學者，宗教家在腦裏描寫的一個空想成信仰，和現在的學者，慈善家希圖反抗資本主義而起之社會根本改造的意見成社會制度之實際的批評，自然不同旨趣。所以我還是把這等理想，放在社會主義的圈外，在社會主義的命題之下只介紹十九世紀的產物聖西門，奧文以下的社會改造計劃，我相信很正當的。社會主義，何以到十九世紀纔出現，不過是因爲現代資本主義的人爲組織是不合自然的大法和神之攝理；於是想一定要實現理想世界的頗爲温和的人道主義而且沒有科學根據之純粹的理想底宣傳而已，後來經馬克斯等解說倡導，於是纔成科學的，政治的，革命的，在學問與人心方面有很大的影響和刺擊，一方面有社會民主黨（德國）共產黨（俄國）的活動，他方面又有工團主義之發生，惹起世界的大騷動，所以近來有空想的社會主義和科學的社會主義等等名稱之別，我爲便利起見，在下面先述空想的社會主義。

第二款　空想的社會主義

緒言

社會主義的理想上的目的，本沒有甚麼不同：無論是初期的社會主義或近世的社會主義，他的目的，都是打倒資本主義的經濟組織，而建設非營利的經濟組織。但是這種目的，怎樣才能實現？關於這個問題，社會主義的學說，就經過變遷進化了。這種變遷，就是從空想的社會主義到科學的社會主義。空想的社會主義的特色，在只描寫理想的社會，而不注意實現這種新社會的條件，是否已經成立，他們以爲社會是可以人工造成的，人類要希望怎樣的社會，就可做怎樣的社會。所以改造社會，完全是人類的知識問題；和信仰問題。人類對於某種社會制度，一有相當的認識，這種制度就會成立。所以我們要建設新社會，須使一般人知道新社會的詳細內容，究竟怎樣，他們一知道新社會的好處，就樂於努力來實現了。幷且新社會的好處，不能只使現在受痛苦的人知道，更要使有權力的支配階級知道。因爲他們之所以不謀改造社會的，實因爲不知道新社會的好處，如果一經知道，就會根據其理性，利用其權力來努力改造了。他們有權在握，只要他們有信仰，新社會卽刻就會實現。所以空想的社會主義者的重要工作，在發表關於「社會主義未來國」的計劃，或以文字宣傳，或以實際試驗，以喚醒人的理性。他們主要職務，只在描想未來的社會，而不顧客觀的狀態如何，所以他們的主義，就叫做空想的社會主義。空想的社會主義者，過信人類關於善的知識及信仰的力量。他們以爲只要人類知道何事爲善，何事尤可成立，這正是他們的缺點，不單在錯誤的判斷了社會的現在社會之所以不完全，實因爲人以前人類的知識謬誤，不知道怎樣的社會，才能使人類幸福，至於這種社會，是歷史發達的必然結果，他們却沒有看穿。又無論甚麼社會，總有一部分人覺得非常滿足，而不欲變更的。這部人都是以維持現存制度爲利益，而妨礙改造社會，這一點，空想的社會主義者也完全看過。此外，一種社會之所以能存續的，實因爲在該社會之下享受利益的人，有維持他存續的能力，所以一切社會狀態，都是當時社會各級間權力分布的表現。但是空想的社會主義者，却看過了這一點。關於將着，他們以爲改造社會，只須有决心，一舉手投足之勞，就可成功。至於新社會所必需的人的要素和物的要素，他們一點也不管。總之，空想的社會主義者，過重人類的理性，而忽視客觀的條件，所以科學的社會主義一發生，空想的社會主意的勢力，就不得不消滅了。以下略述空想的社會主意者中。頂重要三個人物的思想。

聖西門(St. Simon. 1760-1825)

聖西門的生涯

聖西門爲法國貴族後裔，一七六〇年生於巴黎，他生平的經歷，眞是波浪起伏。十六歲時赴美洲從軍，參加美國的獨立戰爭。戰後歸國，想開鑿蘇彝士運河，後又反計劃從西班牙之馬得里特(Madrid)開一運河達到大海，但均未成功。法國革命勃發，聖西門家所有之地財產均被沒收，貴族的地位，也就失掉。但是不久因投機事業，得到相當的財產。以後又因某種不正當行爲，被政府投獄。出獄後，卽專心研究和平而幸福的新社會，應該建築在甚麼基礎之上。他一生最不幸的事，就是極不如意的結婚，結婚一年，雙方情願宣告脫離。但是此後的生涯，就非常困難了。他因爲研究種種問題，把所得的財產，又都化盡。到了一八〇五年，又是無半文了。有時因爲衣食，竟致出賣書籍，有時且充當寫字生，每日工作十六時，以圖一飽，最後無法，遂寄養於其女僕之家。女僕死後，生活更形困難，一八二三年，竟欲自殺。然而無論境遇如何困難，而研究之心，却不稍懈。後得一銀行家供給衣食，遂得繼續研究。以後卽死於該銀行家之家，時爲一八二五年。

聖西門的著作

聖西門的名譽心和自尊心很盛，幼時常令其僕每晨喚曰：「公爵！快醒！你還要做偉大的事業。」以後境遇困難的時候，夢見其祖先夏爾曼大帝(Charlemagne)告訴他道：「余家已出我這種大政治家，此後當出一偉大哲學者。你就可以成爲偉大的哲學者。」所以他的研究心，愈益堅固。他的著作，最重要的爲「工業」(La Indastrie)，「組織」(La Organsatenr)，「工業制度」(Du Systeme Indastrie)，「新耶教」(Novean Chistianisme)等等。

生業主義

聖西門的社會改造思想，實在是法國革命中及革命革命後社會狀態的產物。他們研究社會何以呈這種紛亂狀態？人類生活，何以這樣不幸和悲慘？研究的結果，發現社會混亂的原因，實在自由主義。法國革命的口號，爲自由，平等，博愛。但是革命的結果，只有自由實現。而博愛和平等，完全忘却。然而革命所得的自由，聖西門以爲是非常有害的東西。他以爲當時法國人對於自由的觀念，非常幼稚。他們以爲自由就是自己可以隨便行動，自己以外的人，無論是那個，都可把來當做自己的手段。因爲如此，社會就沒有秩序，沒有組織，而成爲各人混戰的狀態，各個人的生活，也因此陷入悲慘。但是聖西門，並不以爲自由這種觀念，絕對不好，這種觀念，非常有用的，不過他只能用做破壞舊制度武器，而不是建設新制度的工具。原來社會或國家，絕對必要一定的組織和秩序。而秩序和組織，就不許各人隨便任意行動。換句話說，就是要相當的束縛各人的行動。然而這種事實，却和當時法國人所包的自由觀念，不能相容。聖西門的結論，就是要使當時法國的社會生活幸福和平等，最要緊的，就是組織。然而這樣組織，應當以甚麼為基礎呢？于是他發揮他的產業主義，他以為社會組織，宜以產業為基礎，指導社會的責任，應當由產業階級負担。他以為物質的豐富，是生活幸福的第一條件，所以產業和產業階級，應為新社會的基礎和指導者。聖西門他假定法國突然失掉了偉大的藝術者，農業家，製造家，商人，和銀行家，法國要呈甚麼狀態？他以為法國就會即刻變成沒有靈魂的肉體，如果這些人物沒有發生，法國對於競爭的國民，定立於弱劣的狀態。他又假定法國忽然失掉了王室，宮庭及政府的顯官達吏，一切高級的僧侶和一方最富的財產家，法國又呈何種狀態？他以為這種損失，對於法國，決不致於不利益的結果。所以他以為產業和產業和階級，乃是新社會的重要要素。

消滅階級

聖西門以為新社會之中，第一要消滅一切階級的區別。社會內的各份子，可以分做兩類：一為工作者（workers），一為怠惰者（idlers）。怠惰者在新社會之中是不能存在的。因爲聖西門以爲「每個人都要做些工作，各人負有一種義務，須用自己的能力，以增進人類的利益。」但是他所謂的工作者究竟是甚麼人？他以爲除肉體勞動者外，應該包括農業家，製造家，手工業者，銀行家，藝術家，和學者。這一點，是聖西門成爲社會主義者的一個理由，同時又是使他能不能不成爲嚴格的意義的社會主義者的理由。因爲聖西門以爲資本階級和勞動階級的利害，並非相反，他們且有共同的利害，而以貴族，法律家，軍閥等爲共同敵人，這是因爲當時資本主義還未十分發達，資本階級，既未得到支配地位，勞動者的數目，也不十分衆多，這種社會的背景，致使他的階級觀念，不十分明瞭。

產業階級須成支配者

法國革命以後，產業階級，是立于被支配階級的。而空言大話的職業政治家和舞弄無根據的理論法律家，反立在支配地位，照這樣，不工作的人支配，工作的人被支配，是非常不合法的。理想的社會，是工作者來支配，不工作者被支配，所以聖西門主張產業階級，須升到支配階級。但是產業階級的份子很多，究竟誰握產業上和政治上的最高支配權？聖西門以爲這應該是銀行家，因爲銀行家掌握一切產業活動所不可缺的資金通融權，而且通悉各產業的實際狀況。一切從事別種產業的人，應在銀行家的支配之下，協同生產財富。

聖西門的理想社會，完全像一大工廠。政府的責任，只在妨止勞動者的懶惰和維持生產者的安全和自由，其餘一切的事情，都是次要。他以爲國家的任務，在組織各種勢力，不是組織人，「在舊制度之下，人是附屬於物的，而新組織的自由，則在擴張人的支配及於各物。」。是和思格爾的意見一樣。他對於私有財產制度的意見，是和一般社會主義者不同。他雖然以爲私有財產制，不是永久不變的東西，須應着社會的進步而變化，但是沒有主張根本取消這種制度。他以爲設立私有財產權的法律，比甚麼還要緊，因爲這乃是社會構造的基礎。他又說：「尊重生產和生產者的原則，比尊重財產和財產家的原則，更爲有效。」可見得他並不是主張廢除私有財產權了。不過他以爲：「私有財產，應該改造，使他立在更能助長生產的基礎之上。」換句話說，就是財產所有者，應該受着刺激，充分的利用財產，所以誰能爲社會的利益，充分利用財產，誰可以保有私有財產權。

對於聖西門思想的批評

聖西門的思想，沒有統系，不能算是純正的社會主義的學說不過斷片表現社會主義的精神罷了。李斯特說他的思想，只是經濟的自由主義，門嘉(Anton Menger)說他的見解，不是「社會主義的，乃是急進的政治的」見解，都算評得正當。然而聖西門雖不能算做嚴格的社會主義者，而聖西門派却成爲社會主義的一派，因爲他的門徒把他的學說整理和擴張了，以下略述其大概。

聖西門的祖述者

聖西門生前，他的學說幷沒有多大的影響。他死後，因爲門徒的宣傳和活動，聖西門派才在社會主義史無占得一個位置。他的重要門徒爲恩芬了(Enfantin)和巴薩爾(Bagard)，我們現在具不述他們實際活動，只看他們怎樣整理和擴張師說，先述他們對於私有財產制度的態度。原來聖西門提倡一原則，爲「各人須應其能力而得相當的位置，應其勞動而得相當的報酬。」(One shall occupy a situation becoming his capacity and be paid according to his labour) 巴薩爾和恩芬丁，就是這個原則出發，反對私有財產制。他們以爲私有財產制，是和「各人須應其能力而得相當的位置」一原則不能相容。因爲在私有財產制之下，財產的移轉完全由於繼承，(inheritance) 然而繼承，完全是出生 (birth) 的偶然結果。有能力的人，因生於窮人家中，就不能得適合能力的地位；愚拙的東西，如生於富家，反可得與能力不適的地位，這不是破壞分配的公平，乃是妨礙生產的發展。從社會的見地說，財產應該較有能力的人支配，而適適當的分配於各種產業之間，然而現在却完全因盲目的繼承機會，有能力爲社會的利益而利用財產的人却不能得到利用財產的地位；沒有能力利用財產的人，却使他負担充分有利的使用生產手段的責任。在這種狀態之下，生產如何能發展。他以他們從生產方面，及對私有財產制。他們以爲私有財產制，和「各人須應其勞動而得相當的報酬」一原則相衝突，財產既集中於少數人之手，財產所有者，就可不勞而食；沒有財產的就非勞動不可。而且沒有財產的人，須分其勞動結果的一部與財產所有者，無論他的形式是地租或利息以及別的形式，實制上，都是勞動者納與地主及資本家的租稅。這是勞動而不得相當的報酬的，有不勞動而得過分收入的。本來聖西門他自己，也以爲社會之中，不許(Idler 和 Worker)幷立，只有能力和勞動，才有要求報酬的權利，但是他所謂的(Worker)之中，既包含有製造家和銀行家，而又以爲資本也有要求報酬的權利。他的門徒却以爲私有資本，是一切特權中最有害的特權，因爲勞動者不因此分其勞動結果與財產者，這完全是「人類掠奪人類」，(thelexptoit ation of one man by another)而種掠奪關係，因爲財產的繼承，掠奪者與被掠奪者，永久不會變更地位。富能世襲，在這別一方面動者分出許多等級——上級官吏與下官吏，上級職員與下級職員。至於他的分配原則，就是「對於各人，應其能力，對於各能力，則應其實績。」(To each according to his capacity, and to every capacity according to the work which it has accomplished)所以聖西門派的社會，是沒有分配的平等的。但是社會的給付，與個人的反對給付之間，存有嚴格的比例。一切生出的特權，均須消滅。只有這人的功績，才能享受其完全的報酬。如果不顧勞動的生產率，只顧勞動之平等的報酬，那末；比較多生產的勞動者的勞動果實，會被比較少生產的勞動者所奪去。所以聖西門派的原則，不是各人之間的機械平等，乃是結付與反對給付間的平等。他們不主張革命，只注重道德的勸諭（moral persuasion），所以他們不向民衆鼓吹，而向各種上等階級感化。他們以爲社會改造，不應只以利害關係訴諸被壓迫或受痛苦的階級，應以高尚的感情，公正的道德訴諸被壓迫階級以外的人。他們以爲改造社會的願望，如果沒有滲雜利害關係，純由道德的衝突出發，他的效力更要大，絕非因一階級的利益而謀社會改造的願望所能企及的。聖西門道：「經驗告訴我們說：因爲建設新社會而享受最大的利益的人，絕不是最希望新社會實現的人。」所以他們的努力，不是以利害關係鼓吹被壓迫階級自動的革命，而是遊說貴族等上流階級。這和近社會主義者所主張的「勞動者的解放，爲勞動者自身才能實現」的戰術不同。聖西門派實現理想的手段，既然過於重視道德和理性，而忘却客觀的狀態，所以他們一派的社會主義，成爲空想的社會主義。

傅里葉(Charles Fourier. 1772-1837)

傅里葉爲「空想的」社會主義中的代表人物，他的理想，比聖西門還要空虛。傅里葉和聖西門，同爲法國人，年代略同，又同爲空想的社會主義者，而二人竟不相識，亦屬奇事。傅里葉的生涯，沒有

傅里葉的生涯

甚麼波瀾，不過平常的過活罷了。他於一七七二年生於柏桑爽(Besancon)，其父爲大布商，受了相當的敎育之後，遂習爲商店的學徒。父死後，承繼父業，經商於里昂，但屢遭失敗，且身入囹圄，幾乎喪命，出獄後，投入軍界兩年，繼復經商，但成績不甚佳，終流爲別人的店員，以菲薄的薪水，維持生活。一生沒有爲人十分注意，不過自聖西門運動衰歇以後，才有一點成就，網羅了一羣很有熱心忱的門徒。他於一八三七年，與世長辭。

傅里葉的著作及思想

傅里葉的經歷，雖然這種簡單，但是非常熱心於社會改造，而研究其方法。他於一八〇八年著了一册書叫做「四運動之原則」(La

Theoric des quatre Mouvments)，他說宇宙間有四種運動：『1』社會運動，『2』動物運動，『3』有機運動，『4』物質運動，都是受一定的法則所支配，發見這種原則而以之為準繩的時候，便是脫離混沌社會而入於調和社會的秘法，然在當時，却不大為人所重視。他由此又經過十多年的研鑽磨勵的功夫，於一八二二年著『世界合同論』(La Theorie Unite Universelle)，一八二九年著『職業的社會的新世界』(Novean Monde Industriel et Societatre)，吐露胸中滿腹的經綸。綜合他一生的著作看來：他一方面是銳敏的批評家，別方面又是奇性的空想家，我們在下的先述他對於現在社會的批評，次述他的理想社會及其實現的手段。

傅里葉特別的社會歷史觀念

他對於現代的社會批評，發源於他的特別的社會歷史觀，他們分社會發達的全過程為四段：蒙昧時代，野蠻時代，家長政治時代，和文明時代。文明時代，就相當於有產階級的社會，是十六世紀發生的社會制度，他以為文明時代，不過是過渡的階段；這個時期，又可分為二：一爲上升時期，一爲下降時期。上升時期，文明的特徵，爲貴族封建主義的破壞，下降時期，文明的特徵，則爲新產業封建主義的增加，而我們所處的時期，正是下降時期。他又就文明時代的全體而論，以爲『文明時代，把野蠻時代單純的實行的各種罪惡，變成複雜的，曖昧的，意義不明的，僞善的東西。』他以爲文明不絕的重新創造矛盾，而又不能解決，致成爲論理上所謂的『循環』。所以文明常常達到他想達到的或假思想達到的反對方向。『在文明之下，從豐饒太甚的狀態之中生出了貧窮，』這是何等矛盾現象！他由此便達到改造社會的結論：『社會秩序的現行形態，和各人的利益，及國民全體的總合利益相對立，他使社會的有機體貧窮無力。但是絕非缺少達到較好的狀態的手段，土地資本，工業，機器，藝術，科，勞動者，和知識，社會都可自由使用。問題的全體，都在生產組織之中，我們要提案一定的組織，幷以經驗來實驗，這乃是人類運命的大問題，乃是關於救濟或破懷，富或貧的問題，換一句話說，在現在的狀態，乃是關於世人類有生死問題。』

社會調和的

傅里葉的未來的社會論，是建築在他的一種特別的根本思想之上

法則

的。他以為宇宙的根底上有一種神所給與的大調和。他說：『社會本來是調和的，但是現在却呈出一種混亂的狀態，究竟是甚麼原因？』他自己答道：『這是因為人類沒有知道支配社會的法則，假設這種法則一闡明，社會就會成為調和的社會。』

『然則足以使社會調查的法則，究竟是怎樣？他以為人類有許多慾望，這些慾望，都是神給與人的。然而神只願意人類幸福，而不願意人類不幸福，只願意社會調和，而不願意社會混亂。慾望既是希望幸福和調和的神所給與的，所以慾望他本身，就應向着調和幸福作用，這乃是宇宙的大法則。但是人類不知道這個法則，却以為慾望是懷的而努力的來抑制，或者設立足以妨礙慾望發動的社會組織，所以社會反因此混亂，個人反因此不幸。如果除去這種努力，那末：這種社會組織，社會生活的調和，個人生活的幸福，自然會發生的。我們應該努力的，不在訓練或陶冶個人的慾望，是在深察人類生而即具的慾望，為幸福與調和的根源，而改造妨礙慾望發動的社會組織。所以他的根本思想，在解放一切慾望，他以為慾望一解放，幸福和調和，自會發生。

理想社會

然則怎樣的社會組織，才能解放慾望；實現調和與幸福？他於是描寫他的理想社會。他的理想社會和聖西門的不同，後者是中央集權的，前者是地方分權的，聖西門以為實際上和名義上的權力，都應歸諸國家，故以國家為發軔點，傅里葉以為實際上和名義上的權力，均應歸諸地方團體，故以地方團體為發軔點。他所謂的地方團體，就叫做(Phalange)的共同生活體，以這種共種共同生活體為單位，而組織社會。(Phalange)是共同生產和消費的千五百人或二千人所集成的共同生活體，以一個叫做(Phalanx)大建築物為中心，其周圍有一定面積的土地和附屬的建築物。這個中央建築像現在的旅館一樣，不待說，各人可以在自己住處飲食，不於共同時間，參加共同食堂，但廚房只有一個大的。像這樣共同消費，可以省節許多費用和勞動，共同生活體之中，是經營一切種類的產業，以及生產人類生活所必需的一切財富。一個共同體，都是自給自足，不受別個共同體的商品供給。他的勞動組織，是各人應着各自的嗜好，自由選擇職業及嗜好趣味相同的五人或七人，集成一組，工作大約相似的幾組，集成一部，這些部集合起來，就成爲共同體。例如對於栽培果樹有趣味的人，集成一組，栽培果樹栽培各麥等組，合成一部，要入那個組，完全出於個人的自由，幷不受外部的强制，即使沒有甚麼機關來指派或組織，而這些小組還會自然發生的，就和散學以後的學生一樣，不知不覺之間，就會集成許多小組去遊戲。但選擇那組的人，並不是永久就在這組工作，不能變動的，他在某種作了一定工作之後，可以自由移往別組。他以爲要使勞動愉快而有興味的活動，最要緊的是常常要變動工作，不使勞動單調。他以爲每人至少有適合三十種工作的能力，而對於某種工作的興味，又都即能繼續一點半或兩點鐘。所以各人在某組工作一點半兩點後，就可自由轉赴別組，照這樣工作有變化，勞動就不覺得痛苦了。再在共同生活體之下，一切能够工作的人，通須工作：但是不能工作，以及不欲工作的人，還是享有生活的保障，第一要用以供給全員生活所必需生產物之中除去這一部分之外，如果倘有剩餘，即以十二分之五，給與供給勞動的人，十二分之四，給與供給資本的人，十二分之三，給與指揮或監督產業經營的人。所以在共同生活體之下無所謂報酬平等，是應着各人對於生產的參加而給值的。他以爲卽使容許資本的報酬，而在共同生活體內，資本家階級，絕不會發生，何以故？因爲在這種組織之下，一切勞動者同時就是資本家，因爲他們的收入豐富，不難節省一部而爲資本；而且一切資本家，同時就是勞動者，因爲勞動幷非痛苦，却是愉快。他對於分配制度，沒有多大注意，因爲他以爲在共同生活體之下，生產力必定充分發達，必能充分滿足各份子的慾望。但是既然承認私有資本，而由資本私有生出的種種弊端，他却未注意。

政治組織的意見

我們再一看傅里葉的政治組織的意見，各共同生活體，自由選擇一首領，爲最高的長老，但是這位首領，不過是名譽職，沒有政治權力，以及任何權力。因爲傅里葉以爲在各人的必要，能够容易獲得的時候，近世犯罪的主要原因——貧窮——都歸消滅，沒有權力的必要。這種共同生活體，逐漸增多，將來會佈滿全世界，然後聯合各共同生活體，組成一聯盟，選舉一長老，爲世界最高的官吏，而駐於君士坦丁，卽以此爲世界的都城。各共同生活體之間，互相獨立，完全自由，就和現在各私人企業組織的互相關係一樣，互相買賣，經濟活動，各不限制。總之：他是排斥强制的，不單是政治上的强制，並且排斥論理的强制。尤其是關於男女關係，他主張絕對自由的戀愛至上主義，男女可以自由配合，可以隨時自由分離，也可以永久結合。

實現理想的手段

傅里葉的根本思想，已如上述。他從他的根本思想之中，引出實現他的理想手段。他實現新社會的手段，也和其餘空想的社會主義者一樣，不主張暴力的革命，而在和平的宣傳，及部分的實驗。他以爲宣傳的方法，使一切人自發的模倣，所以他以爲要實現新社會，只有建設共同生活體，如果有一個成功的實驗，別的人自會自動的模倣的。他的實際之手段在一八三一年所發表的「社會派的宣言」之中，很說得明瞭：他們是「不要求現存社會秩序之暴力的破壞：：而努力求得創造一個標本所必需的手段」。他們以爲如果實現一種新社會制度，而現採用强制的暴力權力行爲，就是證明這種制度，沒有偉大的力量，不能使人自動服從，換句話說，就是證明這種制度，沒有充分的長處。但是革命的倫理，速是以權力爲基礎的，所以從這一點看，革命的思想，在根本的原則上已經錯誤了。他們以爲一切政府，可以使一切破壞的理論，失掉民衆的信仰，可以根本的消滅他們，因爲政府只要證明這種理論的欺瞞及空虛，就足以致其死命，所以他們以爲共同生活體的實驗，比一切暴動的行爲和破壞的理論，都要有效。他的宣言中道：「社會學派不是政治的黨派，因爲政治的黨派之特徵，在給影响與其國之政治法律，而以法律强制的威力方法，以實現其懷抱的思想。社會學派所提倡的經濟改良，則不要求何等道德的，市民的，政治的，宗教的法則之變更，及何等權力之倒壞」。宣言又道，「我們大胆宣言，俾全世界聽從我們的意見，我們須播種子於國民的地面和自治體，此處沒有實施威力和革命的餘地。革命即能使一威力和別威力對時，就是以一黨派滅別黨派，以一王朝換別王朝，以君主國換共和國，或以共和國換君主國；但是革命決不能結合及緩和現在互相敵對的諸勢力。然而這乃是私學的使命……這種科學，是從創造基礎的社會工場着手，他們反對暴力的革命，而注重地方的實驗的精神，我們在這幾句話中，就可充分看出了。

傅里葉主張人類的性情，要能自由發揮，就未免過於樂觀人性了。其實人類的性質，一部分確是野蠻粗鄙的獸性，這種獸性，只能竭力遏制，決不能任其放縱，如果照他的主張，社會秩序，只有更陷於糾紛的狀態。還有一層，社會的利益，和個人的利益，現在不但不是一致，而且難得調和，所以怎樣調和個人的和社會的利益，乃是一切社會改造思想中最主要的問題。但是這個問題，傅里葉終沒有解決，例如在他的共同生活體之下，各人是自由選擇自己最愛做的工作，但是各人最愛做的工作，未必是社會最需要的工作，傅里葉以爲人類對於一種工作的嗜好，和社會對於這種工作的生產物的需要，有着內的一致，換一句話說：就是他以爲各人愛作那種工作，就是社會需要那種工作的生產物。只有在這個前提之下，各個人追求自己內部的嗜好，就可以應着社會需要的分量，生產社會需要的財富，然而各人對於一定職業的嗜好，和社會對於一定生產物的需要之間，沒有這樣的一致，並不能有這樣的一

對於傅里葉思想的批評

致。因爲决定這兩種現像的條件和原因，完全不同，社會需要最多的生產物，不一定生產他的勞動，就特別有趣，社會不甚需要的生產物，不一定生產他的勞動，就怎樣無味。以上就共同生活體的內部而言，再看共同生活體的互相關係怎樣？各個共同生活體之間的各種關係，沒有一定的組織，所以自由競爭制度的一切弊害，還是仍舊的全部繼續。各個共同體之間也和現在各個資本家的企業一樣，同時的進行鬥爭，鬥爭的結果，一定是强勝弱敗，以大併小，和現在的經濟界一樣。因爲各個共同生活體之間，經濟的關係，定不平等——各自支配的資本有大小，土地有肥瘠，組成的人員有差別，所以自由競爭的弊害的全部，至少一大部分，還是殘留着的。至於他的實現於社會的手段，猶其是不值批評。傅里葉派中如孔西德蘭（Victor Considerant），已明白認淸資本集中，貧窮增加，社會中發現兩大階級的傾向，然而他們實現新社會，却不想訴之於被壓迫階級的自謀解放，而欲以零碎的實驗，訴諸一般人的理性以望其做效，未免太蔑視實際經驗及人性了。無論何時代何社會的支配階級，都以維持現存社會爲利益的一點，他竟沒有認淸，他的思想所以成爲空想。

奧文（Robert Gwen. 1771-1858）

奧文的生涯

奧文於一七七一年生於北威爾斯（North Wales）協果墨里協（Montgomeryshiro）之紐塘，（Newtown），父為馬具商。十歲到倫敦學徒弟，十八歲時，便和一個朋友各出千磅經營紡績業。後為滿切斯特某公司經理，不久辭職，和一個朋友另辦一企業。後在格拉斯哥（Glasgow）和紐拉克（Newlanark）工廠主人德爾的女交好，因為想和女結婚，便設法勸其股東購買紐拉克工廠，後果成工，而與女結婚，不久便充該工廠的經理。奧文入廠時正值英國綿業恐慌美國禁止棉花輸出之際，各紡織工均不得不停業，各工廠的勞動者，都陷於非常困難的地位，只有奧文的工廠，則於停工四個月內，支給全薪，奧文盡力於勞力教育，而各股東則均不願投資於這一途，他便決計和舊股東脫離，收買這個工場，以免掣肘。努力的結果，得兩個新股東（其中一人為邊沁）以高價將工廠買進，後來成績很好，故此他有十分的機會，以試行其理想。他的社會事業，非常有成效，聲名揚溢，一切改革家及各國皇族，都來紐拉克觀光，股東以此大加妬妄，他便決意脫離紐拉克工廠，時爲一八二八年，他正滿五十七歲。先是（一八二五年）他因試行其理想，命其徒於格拉斯哥附近，組織共產材，自己又赴美國印地那（Indiana）組織一種共產村，名新協和（New Harmony）不久都歸失敗，資產因此用盡。後回英國，把倫敦做中心宣傳。一八三二年組織了全國平均勞動交換所，（The National Equitable Labour Exchange），以實行其勞動劵的理想（後詳），不久也歸失敗。一八三五年組織萬國各階級協會，（Association of all classes of all nations），，討論各種社會問題，而社會主義（Socialism）這一個名詞，纔開始流行。他最初的著作爲「新社會觀」又名「人格形式的原則」（A new View of Society, or Essays on the Principle of the Formation of Human Charactor）一八一七年，他提出英國下院貧民法案委員會的報告中，纔述其社會主義的思想。他本來很有聲名，爲社會所歡迎，後因演說攻擊宗教，大傷國人宗教上的感情，以後遂不信仰他的學說了。他死於一八五八年，享年八十七歲。

與文的根本思想

他以為人生的目的，在追求幸福，然而所謂幸福；不是少數人的幸福，而為最大多數人的幸福，但是人數要到甚麼狀態，才算幸福？一個人的性格，善良的圓滿的發達着之時，這個人就是幸福。但是人的性情，最初既非善，又非惡，宛如沒有汚垢的白紙一樣。以後白紙染紅才成紅紙，染黃才成黃紙。人的性情，或善或惡，都不是生而如此，是以後變成那樣的。他自己道：「無論甚麼品性，——從最善的到最惡的，從最愚昧的到最賢明的——只要應用適當的手段，無論在何社會，甚至於世界全體都能够給與的。而且就大部分說，這種手段，都在關於人事握有勢力的人的支配之下和制御之下。然而這種手段，究竟是甚麼？就是人類生活於其中的周圍的環境。環境又是甚麼？如周圍的人，也是一個環境，氣候，風土，也是環境，生活資料，也是環境，只要生活資料豐富與否？以及教育完全與否？就可以決定人的品性，是否善良」。他從這個根本思想又生出兩個最重要的附帶思想來：一為人類平等觀，一爲刑罰無用論。

人類平等觀

他以爲人類的品性，最初本是平等的，以後因爲環境關係，才生出許多差別。他列舉犯人和法官爲例來說：他以爲現在的犯人，如果他以前環境，像現在的法官一樣，一定不會成犯人，反可成法官。如果現在法官的環境，和犯人一樣，他現在一定不會做法官，必定成犯人。所以人類本是平等的，因爲環境不同，致生差別。

刑罰無用論

他以爲過失不是在個人，缺點是在訓練個人的制度之內，請先除去在人的品性上有造罪過的傾向之境遇！那末，罪過就不致於造出。所以他主張社會的權力者，不宜默認人的品性形成罪過之後，再來處罰罪過，須採用足以預防這些罪過存在的方法。對於足以釀成罪過的環境，應即改造，用以預防於事先，不宜處罪於事後，因爲犯人對於罪過是不負責的，應由環境負責。

社會改良者

他既懷抱這種思想，所以他一做了紐拉克工廠的經理，就注意勞

的奧文

動者的教育和生活，他行了種種設備——如圖書館，講演會，工廠學校，紅利分配，以及廉價販買生活必需品等。他的實驗，終未徒勞，他的工廠以內勞動者的性格，都大大裏變化，以前酗酒鬥毆的風氣，完全絕跡，工廠全體，宛如一大家庭一樣，過和平幸福的生活。但是他的志向，不單在改良一個工廠，不過把這工廠做實驗做榜樣而改造全社會罷了。他在這時期，還不是社會主義者是博愛主義者，他以自己在工廠所實驗的，既有偉大的効果，而且自己所能做的，別人也能做，所以他的自己的經驗，宣傳於世人，以爲別人一定會要取法於他的。那知道別個資本家，並不是像他一樣是講人道主義，他們只知賺錢，勞動者的品性也好，生活也好，教育也好，和他們無關。所以他儘管說着，却沒有人聽。於是他所轉換方向，想以法律之力，强制雇主，改善勞動者的生活，向政府來建議。然而政府爲資本家所左右，絕不肯制定不利於資本家不利益的法律。他爲此事差不多寢食不暇地奔走了三年，政府纔於一八一九年頒布工場法，這乃是世界最初的工場法。但是其內容，是和奧文所提議的不大相同。

社會主義者的奧人

一八一五年以後，英國經濟界，發生恐慌，到十六十七兩年，更加厲害，這便是產業革命後的第一次恐慌。其直接原因，爲拿破崙戰爭。當拿破崙橫行大陸的時候，大陸各國產業凋零，而以英國爲唯一的供給者。所以英國產業革命後，因爲生產力增加，其所增加的商品，都以歐洲大陸爲市場。市場的需要既多，生產事業，既愈加擴張。工廠增加，鄉村農夫，都流入都會而爲工廠的勞動者，英國當時工業之發達，實爲前此所未有。不料大陸戰爭一告終，各國漸復原狀，不須仰給英國，英國因市場減少，工廠紛紛倒閉，而生出許多的失業者，致成經濟恐慌的狀態。奧文目覩失業者的慘狀，思想上遂生了一大變化。他平日所懷抱的所實行的博愛主義，充其量也不過只能改良工廠以內勞動者的生活，工廠以外的失業勞動者，却不能因此得到救濟，因爲這樣，他變成社會主義者，乘倫敦市政府開會研究貧窮的原因和救濟策略之際，提出根本改造社會的意見——理想社會。

共產團

他以爲救濟貧窮，須集許多貧民和失業者，組織許多單位的共產團體。

這種團體就叫做「協和合力之村」。(Village of Unity and Cooperation)

體計劃

組織這種團體的計劃，大抵是：「一村若占地千畝至千五百畝，一村的住民，則從五百人至千五百人。村之中央有建築物四條，劃成正方形。正方形之中，又有建築物三棟，正方形之外，則爲農農，牧場，工場等地址」。據他的說明，以爲「在正方形之中的，爲公用的建築物……其中位於中央的，色含公用廚房，食堂，以及一切別的設備，以便經濟的調理和飲食。位於右的，樓下爲幼稚園，其餘則爲講堂及禮拜堂。位於左的，樓下爲小學校及評議室，此外爲圖書及爲大人而設備的房間。正方形所包圍的內部的空地，爲運動及散步之用，遍植樹木。列成正方形的四種建築之中，第一翼，第二翼，和第三翼，主要爲已婚的人的住家，每家四室，每室可住夫婦及子女兩人，第四翼則爲三歲以上的兒童及每家超過兩個以上的兒童寄宿舍。第四翼之中央和兩端，有特別室，在中央爲寄宿兒童的監督者的居室，在一端者作爲病室，在別端爲則爲遠道而來之戚友的住處。其餘各異，只中央有特別室，其中兩翼的特別室，住總監督，僧侶，教師，醫生等，其餘一翼的中央室，則屬全體使用所必需的貯藏所。……任這些建築物的附近，一方面爲設置機器以便從事工業工作，……別方面有洗濯和漂白的設備。再隔離稍遠的地方，則有若干農事用的設備。……在這些建築物的周圍，則爲牧地與耕地，最後繞以籬園，籬用果樹……
……」村內的生產和消費，務必自足自給，所以村民要包括各種職業，設備要具有農工等類。村民除不能工作者外，都須盡勞動的義務。生產的物件，納入共同倉庫，由職員應各人的必要而分配。衣食住都由村裏供給，個人自無私有財產之必要。照這樣生產和消費，才能保持一致的步調而不至發生恐慌和失業。而且這種組織，如果漸次增加，就可以改造社會全體——即世界布滿這些自治體就互相聯絡起來成爲同盟，具有强制性質的國家，自然會歸於消滅。

勞動劵

奧文的思想之中，還有勞動劵一種重要的思想。勞動劵不單他思想中占重要地位，而且是他的事業上一個大實驗，所以不得不略爲說及。他主張組織新村，同時實行「價值本位的變更」，(A Cange in the standard of value），而發行「勞動劵」，（Labour note）。他以為財貨的價值，是由於人類的勞動力，比如一雙靴的價值十元，就是因為製靴一雙所費的勞力等於十元，但是這種價值，現在是以金或銀所製的貨幣來表示，並以貨幣為媒介而交換。因為這個原因，生產者不能以自己生產的貨物購買和該貨物價值相等的貨物，而寄生的商人，便乘此發生，商人有多量的貨幣，向生產者買回轉賣與消費者，以從中取利，其結果就是貨物不能依照價值而交換。比如某商人以十元買甲之靴，以十元購乙之衣，如商人將靴和衣轉買於人，必須加價賣出，其結果就是同一價值的貨物，不能互相交換。所以他主張不應以貨幣表示價值，須以價值的根源——勞動時間來表示，用勞動劵代替貨幣。生產者交出其生產物，收入證明該生產物勞動時間多少的證劵，消費者支出勞動劵，交換了同一勞動時間的生產物。他因為試驗這種理想，於一八三二年得一資本家的援助，在倫敦組織『國民平均勞動交換所』，生產者將貨物交與交換所，交換所則給以表示該生產物勞動時間的勞動者，消費者持劵到所，便可領到和劵上表示的同一勞動時間的貨物。交換所一時大形發達，各地陸續設立支部，因爲辦理不善，不久終歸失敗。

改造社會的手段

他以爲改造社會的手段，不應以力而應以理。他不贊成社會中一部分人以暴力強制別部分人來改造社會，他經力主張訴諸理性，訴諸社會全體人的個性。他以爲無論貧富貴賤，支配者和被支配者，只要知道改造社會於他們有益，不僅不會反抗，而且會極力幫助。所以他以爲社會生活的新形態之驅逐舊形態，就和鐵道之驅逐舊交通機關一樣，不須使用甚麼權力。因此他對於當時的王公貴人，都希望他們起來參加改造社會的大事。他在「自敘傳」中道：「我在和專制各國各大臣的一切私交之中，同樣的發見一件事實——就是他們在理論上，對於實現新社會的制度，是抱好感的，而且在他們的地位所許可的範圍以內，給了我一切便利的助力」。他對於支配階級、既有莫大的希望，所以他主張社會改造，須得全體人的同意，不能結與損害以任何人。他道：「以最少的躊躇，採用正當的方法，以實地確立這些有益的結果，乃是一切國家內一切階級，一切個人的利益。……但是因爲要免去任何同胞任何個人因必然發生的變化而受損害，最好是由一般的同意而漸次的溫和的實行。照這樣的看來，奧文不能算是革命家，至多也不過是和平的革命者罷了。

奧文的祖述者

奧文沒有創設甚麼學派，不過也有少數門徒，想適用他的理想，最著名的，便是威廉湯姆遜（William Thompson）。湯姆遜的思想較奧文深刻，而又更爲精通經濟學，社會主義創始者的地位，本應歸他，但是他在當時的影響，不及奧文，其著作（主要著作）爲「財富分配之原理的研究」（An Inquiry in to the principle of the distribution of wealth)久未經人注意，所以在歷史上的地位，還不及奧文。湯姆遜對於奧文的計劃，加以種種修正，他以爲各個自治體間，要保持平等的關係以保持各自治體的份子之間的平等，差不多是不可能的。因爲他沒有看過許多自治體因其地理的位置之自然的差別，比別的自治體，要有比較優勝的經濟關係，這種自然的不平等，事實上確是存在的。然而湯姆遜也和奧文一樣，是嚴格的平等的信仰者，所以他要設法剷除這個不自然的平等，而使之歸於平等，因爲這個原因，他遂不能不再注重與文所忽視所嘲笑的國家。他以為國家須應着各自治體的土地的肥沃以及別種自然的優勝，向各自治體徵收特殊的租稅。照這樣，自由的不平等，就可以一種特殊的租稅來調和。由租稅所得的收入，用以滿足國內一切自治體的各種共同慾望，並辦理自治體的範圍內所不能辦理的各種經濟的企業。

第三款　科學的社會主義

楔子

空想的社會主義，主要在描寫將來的社會，至於這種社會成立所必需的客觀的條件是否現在社會之中已經具備，他們不管，他們的主要缺點，就在這裏。所以社會主義，遂從由主觀的；道德的見地出發，進化為由客觀的；事實的見地出發，這就是空想的社會主義進化為科學的社會主義。要知道科學的社會主義的特色，須先知道科學是甚麼？科學之中第一包含的是知識，知識乃是科學的重要要素。但是我們能够知道甚麼？我們第一能够知道的，就是事實。詳細說我們能够知道的，就是實際現在或已經存在的事物。所以科學不以空想為基礎，只以事實為基礎，而其研究範圍，不在將來，而在現在和過去。因爲事實不是在過去，就是在現在，却不是在將來。總之在科學的出發點，不在預言將來怎樣，而在認識現在和過去怎樣。但是只是知道事實，還不充分，如果知其然，而不知其所以然，只知各個事實，而不知各個事實間的互相關係，科學的使命，還沒有盡，所以科學的第二任務，就是知道因果關係。然則事實和因果關係，怎樣才能够知道？我們如不研究或探討，關於這些知識，怎樣能够獲得？所以科學的第三任務，就在研究。總而言之；科學的本質，是由三個要素所構成的：「1」關於事實的知識，「2」關於各事實間相互關係的知識，「3」對於不絕發展的知識之研究。所以科學完全以事實爲基礎，完全以過去及現在爲根據，而排斥一切的關於將來的空想。但是科學並不是和將來完全無關係，如果以爲一切關於將來的考察，無論在甚麼情形之下，都是非科學的，那又未免失却正鵠了。科學也嘗考察將來的問題，這不獨社會科學如此，自然科學也是一樣。不過現在的問題，例如天文學，乃是全完冷靜的科學，只以算計和事實爲基礎而研究，以預言將來發生的事件、如日蝕月蝕等現象，常常正確的預言，而又無人攻擊之爲非科學的。天文學者之外，還有據星象而預占將來的星者或卜者，然而他們絕非科學者，他們的態度是非科學的。然則他們的行爲，和天文學的預言，究竟有甚麼差別？這個問題極簡單，就是天文學者，第一正確的認識事實，他們正確的認識現在和過去的星之種種運行，以及由這些運行所生出的種種關係。他們正確的知道了這些事實之後，然後從關於這些事實的知識，對於將來的運行，引出一定的結論——如果沒有偶然的意外事件發生，而卜者則沒有這些知識，只是空口妄言。總之，觀察將來之科學的方法，是在以關於現在及過去的正確的知識爲基礎，從這些知識，各引出一定的結論。上面所述的理論，可以適用於科學的社會主義。科學的社會主義，也預測將來，如以爲非科學的而排斥之，那就是科學的社會主義，自己推脫責任。科學的社會主義，乃是以社會科學爲基礎，向將來突進的一種活動，所以他並不是和將來沒有關係。不過他的特色，在根據社會之過去及現在之事實，和這些事實間的因果關係，以引出對於社會之將來之一定的結論罷了。

馬克斯——（Kari Marx. 1818-1883）

科學的革命之社會主義者現代各國勞動者所仰慕的馬克斯，以一八一八年五月五日生於特列夫（Treves），其父爲猶太人，曾受高尙的教育，性情慈善，其時爲法官，其母性情柔和，生子女七人，惟馬克斯獨具天才

馬克斯的生涯

。馬克斯六歲時，其家庭卽脫離猶太教，轉奉耶教，時爲一八二四年。馬氏幼入本地小學，且常往來樞密顧問懷斯體法冷（L. Von Westphalen）之家，受其指導。畢業後赴波翁（Boun）入大學，尊父意習法律。一年以後，轉入柏林大學，時在一八三六年。當其未赴柏林之前，祕密與懷斯體法冷之女耶里（Jenny Von Westphalen）訂婚。耶里貌旣美麗，性復剛强，以後終身與馬克斯共艱幸，而不以爲苦。馬克斯在柏林專攻歷史，法學及哲學，很受黑智兒（Hegel）的影響。馬氏性不喜法律，而其父使之學，故當時感覺非常痛苦。後其父於一八三八年逝世，馬氏遂棄學法律，而專攻哲學。一八四一年，提出論文，得受博士學位。先是其友博葉（Bauer）欲介紹他爲博翁大學講師，故畢業後卽赴波翁。但是當時普魯士的大學，沒有自由研究之餘地，就是博葉，也只能爲講師，而不給

與教受，何況意見激烈的馬克斯。他的唯一出路，只有做新聞記者了。不過他一進「萊因新聞」當編輯，就因爲他的言論激烈，他便不得不於一八四三年辭職，而專心研究學術去了。先是一八三七年，他最喜歡研究黑智爾的學說，成爲黑智爾的門徒，到了一八四三及四四之間，遂成爲一個社會主義者了。他爲甚麼成爲社會主義者，我們完全不知道，不過在一八四三年之夏天，他一定很熱心的研究了法國社會主義者的書籍。馬氏於一八四三年結婚後，即於同年十日與其夫人移居巴黎。在此和蒲魯東（Proudhon）漢納(Heine)等往來。其友儒格（Arnold Buge）創立「法德年報」（The Franco German Year books）馬克斯遂充該報的主筆，此報只出二期即行停版。其中載有恩格爾（Fredrich En9els. 1820-1895）各文，馬氏因此和恩格爾，書緘往返，彼此相知漸深，時恩格爾居滿切斯特。後一八四四年九月，恩格爾至巴黎晤馬克斯，彼此情投意合，結爲生死不渝之交。以後提及馬克斯，就令人聯想及恩格爾，提及恩格爾，就令人聯想及馬克斯，他們的關係，竟到了這種程度。「德法年報」停版後，馬克斯一面熱心研究就經濟和社會主義，別方面實際活動於僑法德工之間，又與許多急進主義者創辦「前進」。(Vor Waerts)。但一四五年正月，法政府循普魯士政府之請逐其離開巴黎，他遂亡命至不律塞(Brussels)，在此除暫時派行外，一共居住三年，直至一八四八年發生二月革命時止。在這個時期中，得恩格爾供給材料，專心研究經濟學。當時革命風潮，漸及全歐，而產業越發展貧窮越增加，當時英國的呼聲：「是工廠愈多，貧民愈甚」。同時別一呼聲，就是「羣衆的政權越大，解放就更加確實」。在這個時代之中研究社會主義的馬克斯，就自然會得到一種結論，以為無產階級的革命，無產階級的奪取政權，實在是共產主義勝利的不可少的初步。僑外德工，自一八三六年以來，即組成一團體，取名「公正者同盟」，(League of the Just)一八四〇年置總部於倫敦。各部因共產主義通信委員會的聯絡，互相接觸。巴黎和不律塞支部，介紹馬克斯於倫敦委員會。委員會遂於一八四七年正月遣莫爾(Jo-seph Mol)赴不律塞探詢馬克斯。其結果即將該同盟改為「共產主義者同盟」(Leagusl of Communist)，一八四七年夏季開第一次大會於倫敦，恩格爾出席。同年十一月末十二月初開第二次大會，馬克斯亦出席，並與恩格爾受託起草新綱領。就是有名的「共產宣言」(The Communist Manifesto)。該宣言內容約包括四項：「1」敍述無階級的進化史，以及他們的性質和積極的功蹟，「2」敍述論理的觀念及結論，這就是關於階級鬥爭和無產階級專政的理論，「3」說實際的應用，就是說明共產主義者的革命的行動，「4」批評各派社會主義，這個宣言，爲近世社會主的經典，其影響之大，可以不必多能了。先是馬克斯又於同年——一八四七年——出版「哲學的貧困」(The poverty of philosophy)。此書係用法文所著，反對蒲魯東的。馬克斯和蒲魯東交情很好，但因爲擁護眞理，竟毫不客氣的大加批評，這種精神，實在是可佩服。「共產宣言」的墨瀋未乾，法國二月革命就爆發。馬克斯又爲比利時政府所追放，然而應巴黎臨時政府之請卽赴巴黎。馬克斯居巴黎不久，他和恩格爾召集共產主義者同盟的會員，命其回德，參預德國革命。他們自己赴萊因地方，創刊多年計劃的「新萊因新聞」(Neue Rheinische Zeitung)，馬克斯自任主筆，編輯爲恩格爾和烏爾夫(Wilhelm Woelff)。他在這種新聞中所著的言論，相傳爲列寧和托洛茨基等革命的一個來源。（注——Frang Mehring Collected Parpers of Marx and Engels 第三卷中，載有當時的文字）該新聞約繼續一年，一八四九年五月十九日停版，馬克斯典賣他的一切所有物，償還報館所欠的債，他重赴巴黎。但是反革命的潮流，非常旺盛，他遂於一八四九年七月爲法國政府驅逐至普里達里（Brittany）地方的莫皮罕村（Morbihan），他不願居此，遷赴倫敦。以後居倫敦，直至逝世之日。馬克斯在倫敦的時間，大半爲生活困難所苦，但是他絕不因此阻止其著作「資本論」，而且只要有實際運動的機會，絕沒有放過的。他因爲要把「新萊因新聞」改名「新萊因評論」（Neue Rheinische ervue）繼續出版，致用完了他所有的財源，但是還沒有成功。有時因爲購買稿紙，竟典當其剩下的最後的一件衣服，其窮困狀態，據此就可推想而知了。相傳當時俾斯麥聞其窮困，欲與以重金，托其爲駐英通信，馬克斯嚴詞拒絕，他的節操如何，我們又可想而知了。一八五一——六〇年之間，他的唯一的確實收入，只是替紐約新聞通信所得的稿費，但是還不敷房租，報費及郵費之用。自一八六〇年以後，他的生活，才比充裕。烏爾夫的遺產八百磅歸他繼承，而恩格爾的幫助，也較爲豐富及確實；自一八六九年以後，他的幫助，大約每年有三百五十磅。因爲這些收入，馬克斯纔能安心著作「資本論」。一八六〇年後，數年之間，爲馬克斯最幸福的時期，但是他的身體日弱，以致不能完成其工作。他的資本論第二卷及第三卷，都是他死後，恩格爾替他出版的。

馬克斯的感化

一八六四年倫敦有萬國勞動同盟會的組織，他被推爲首領，起草幕詞，其中述及從一八二五到一八六四年間英國勞動階級的歷史，並謂無產階級，從英國勞動級階鬥爭，至少可得幾個教訓。第一，勞動階級須取獨立的政治及經濟的行動，第二，須利用支配階級不得已而行之改良，第三，勞動階級須爲國際的合作，以進行社會革命，並反對祕密的及武力的外交。這種議論一出，各方響應，其勢力隆隆，銳不可當，但是於一八七二年海牙開萬國勞動同盟總會，和巴枯寧(Bakhunin)等無政府黨的意見相左，萬國勞動同盟（後來爲第一國際的卽是指此），竟至破裂。然馬克斯後來和各國社會黨的領首等屢屢會面，交換書面，予以感化很大。後來他的體質孱弱，不能專心著作，加以其最愛之妻和長女，接踵而逝，悲痛已極，病況從此更加厲害，遂於一八八三年浩然長逝了！他的死耗傳到各國以後，各國的勞動者到處開會追悼，以此便他在以知道的感化力是怎樣的大呵。

馬克斯的社會哲學

馬克斯一生整整裏有四十多年，雖然在新聞雜誌以及各種著書上面，揮如椽之草，爲社會主義，大吐氣焰。但是他的學說貢獻於學界最多的，是唯物史觀和剩餘價值論，他的著作都是把這兩者反覆說明的。於說明歷史觀和價值論之先，爲理解他的學說起見，實有知道他的哲學思想之一班的必要。以前曾經說過：他是黑智爾的學徒，他的根本想想，完全是得之於黑智爾的。然則黑智爾對於國家及社會制度，是持甚麼見解？據黑智爾說：「天然，人類歷史，都是經正，（The positive），反（The negative ）合，（The negation of negation）三個順序而變化的，有一個思想制度，便有一個反對他商思想制度出現，兩者衝突的結果更產出一個更高的新思想制度，一時保持平均以後，對於新思想制度又有一反對的思想制度出現，總是這樣反覆循環着，而社會便因此進步的」。因此黑智爾又說：「我們的國家或社會制度，不是從理性之命而創造出來，不外乎是國民行於天然的發達之間而為有機的發生而已。十八世紀以前的哲學家，以為一切的東西是以天然法為前提而存在的，在現存的以外，不是天然法或天然的狀態，現存的狀態，等是天然的同是等是理性的。現存的制度，雖然不能認為人類最良的制度，然也不是最惡的制度。這現代狀態，是在現時代可能的唯一制度，同時也是本身必要的制度」。借黑智爾的話說來，便是：「凡屬現存的，便是理性的，凡為理性的東西便現存」。因為這樣，黑智爾的門徒馬克斯，關於社會制度，完全採用黑智爾的進化哲學，相信社會國家的生活，是不絕變化的，在某時代的思想制度，要是經過適當的時期，那末，必有其他的思想制度起而代之。不過他不和黑智爾一樣把這惹起等思想制度新陳代謝之決定的動機，求之於一理想（不可思議之神），而以為人類社會之歷史的進史的最大動機，是在經濟力，在這一點彼此是大不相同的。要而言之：他的議論，是從以上的根本思想出發的，他的歷史觀，可以稱爲唯物主義之歷史論，在表明社會的文物制度，不是由於人類理性或人力造出來，是隨人類生活基礎之物質的條件底進化而變遷的。我現在將其大要略述於左：

馬克斯的唯物史觀

他道：「人類如要社會的生產衣食住，便須結成一種必然的，離開他們意志獨立的關係。就是與他們物質的生產力發達程度相適合的生產關係。這生產關係底總和，便是社會之經濟的構造，就是眞實的基礎。在這基礎上，安立着法律的政法的建築，又相應地生出某種社會之自覺。要而言之：產出衣食住底方法，就決定社會上的政治上和智識上的一般生活的東西。並不是人之自覺去定他的生活法，反其社會之生活注去定人之自覺的。」

他又道：「但是社會之生產力，在彼發達的某時期，要和舊生產法矛盾。用法律地說：就是和從來之財產關係矛盾。生產力發達到了一個新時期底時候，舊財產關係，就成了生產上的障礙物。社會革新的時代，就於此

社會之革命的進化

開始。社會經濟的基礎，既然變化，建築在經濟基礎上面之一切事情，也遲早免不了革新。」

階級鬥爭的理論

他關於階級鬥爭的理論，也說明的很巧妙，他說：「在原始時代，社會上設有階級的區別，階級的支配，階級的對抗，自和他民族交通貿易以及戰爭的結果：社會上發生所有者與毫無所有的人們以來，人類的歷史，便成了階級鬥爭的歷史。社會階級鬥爭的結果，或則終於法律的和解(改革)，或則社會顛覆，而引導新的社會狀態之樹立。試看古代的歷史（西伯萊，希臘，羅馬），當時的社會，是以階級鬥爭相終始的，富者與貧者，奴隸與自由民，直到舊世界滅亡爲止，繼續鬥爭，把鬥爭的成果之大經驗留給後世。後來到了中世紀，商工業和封建諸侯，農民和貴族，依然還是繼續鬥爭着，到近世，第三階級和專制君主及地主政治鬥爭，結果專制君主和地主政治被其打倒，現在你們的眼前又看到無產階級(Proletariat)和有產階級(Bourgeoisie)演難於和解的鬥爭之劇幕。這個鬥爭。是想極力維持私有財產制度之資本家階級稅和想實現社會主義社會的無產階級的鬥爭，起初在無產階級還沒有充分實力的時候，不過依賴世上志士慈善家的力量，僅僅裏想使他們的地位向上而已，於是空想的社會主義發生，值空想的社會主義時代，已經因爲社會之經濟的發達成爲過去了。現今勞動者纔祇自覺他們他使命和他們的實力——他們覺悟到他們的服從，是私有財產的結果，以私有財產的存續限爲，他們的自由向上，是求久不能得到的。私有財產的制度，可以代之以生產手段之公有，他們的解放，要由社會主義實現以後才能實現的，同時覺悟到他們的勞動力，便是全社會組織的精神，以及他們多數的同盟罷工，可以使文明生活之組織痺痲的。至是兩下的激烈鬥爭遂不可避免，起初不過是經濟的鬥爭，只有工會之組織而已，現今則其鬥爭成爲政治的，勞動者階級想奪取資本家階級所把持的政權。於是無產階級便實行共產主義與資本主義之轉換，轉換的途徑，舍去無產階級之革命的獨裁而外，別無他道。」

剩餘價值

說他關於剩餘價值說的見解大略如下：「商品的價值不是別的東西，只是含在其中的人類勞動，凡一切商品的價值，是由於爲生產商品的而用的勞

力以成；由於使用於生產上的勞力而決定的。例如長靴一對和砂糖十磅

主

交換，並不是因爲一對靴比十磅糖要甜十倍然後纔這樣交換，是爲生產靴子要費十倍的勞力的緣故。……勞力實在是組成附屬於一切貨物各種價值之實質的。然則這等勞動的分量，是用甚麼來計算的？簡單的說：是以勞動時間爲標準的。……這個理法，不僅只是有形貨物之交換爲然，就是勞動者將其所謂勞力無形貨物和其他有形貨物交換的時地，也當然可以適用——即勞動者交出十時間的平均勞動所值之勞力時候，應該要收回與須要十時間的平均勞動相等之生產貨物。但是徵諸社會實際，完全和事實相反，勞動者交出多量的勞動力却只收回少量之貨物（工資）。何以會這樣的？因爲資本家及企業家等，於地租利潤等等名目之下，把當然應歸勞動手裏的生產物之一大部分占領成爲自利的收益。本來商品生產所需要的勞動力，要是從便是價值的本質之純理說來，那末；商品之價值全部——應歸勞動者的荷包中間，然而資本家及企業家等，不過只將足以維持頂低生活之工資交給勞動者，其餘完全收歸他們的錢袋裏面。資本家等所占領的這種不當利的，便叫做剩餘價

值（Mehrwert）這便是資本家等的所得之一個大財源。普通在勞動者由於現時之生產方法而得生許費方面，每日卽要平均五六點鐘的勞動，便已夠了。但是現今他們每日勞動十二點鐘或許十三點鐘，還是不能得到充分之生活資料的緣故，便是由於追加六點鐘七點鐘的勞動之結果——剩餘價值，都成爲資本家的利益所致，勞動者就是親眼看見資本家企業家等肆意占領這種不當利得，然而還是不能不依賴他們而得僅少的工資以資生活的緣故，是因爲勞動者未曾將生產機關其所有，以致不能夠獨立從事生產，因此之故，勞動者只好忍氣吞聲向資本家叩頭，資本家便利用這種好機會，提出苛酷條件，肆意貫徹自己的主張而虐待勞動者，使勞動者終身疲苦已極不能改善其地位，而使資本家稱爲混世魔王跳梁於社會的，也就是因爲這種緣故。而且自社會進步；經濟發達以後，一方面生產力顯著地增加，同時他方面勞動者的生活資料，要比以前的勞動時間短少些便可以獲得，因此資本家所得的剩餘價值，從消極積極兩方面無限的增加，而勞動者的工資所得，反轉越發減少。何以故？因爲不變資本逐漸增加，其結果遂逐漸發生所謂產業豫備軍的勞動者之剩餘人口。……這些產業豫備軍，都是這離職失業無術謀生的人們，因此之故，要是有人要使用他們，那末；無論工資怎樣低廉，然而還是翕然集聚於資本家旗幟之下而急於謀得一飯之資。所以從事某種職業希望獲得一定工資的勞動者，因爲由於需要供給的天然法則到某種程度止，或則被豫備軍奪掉他的飯碗，或則竟至不甘願得低廉的工資而不能不去職。資本家用競爭呑倂的手段而數目因此越少，越發將經濟的利益獨占或壟斷，反是勞動者產業豫備軍的數目，越發添增，壓抑，剝削，零落，窮困的程度，越發厲害，是使勞動者依賴資本家的程度，越發加高。這便是現代所謂資本家的人們，毫不勞動，而竟至錦衣美食，肆意豪奢，反是，勞動者階級，終日胼手胝足，竟至饔飧不繼「纍纍如喪家之狗」的所由來呵」。價値卽勞動的學說，洛克，皮特既已含混說明於先，亞丹斯密也曾籠統祖述於後，到李嘉圖纔成爲有組織的說明，至把剩餘價値的原則應用於社會主義，奧文一派以及普通運動，曾經做過，蒲魯東(Proudhon)也曾說過（註一），到羅伯塔斯（Rodbertus)便有頗爲明確的說明（註二），決不是由於馬克斯所獨創的。但是把這種學說用系統的說明方法和歷史的材料放在頂堅牢地學說的基礎上面成爲頂完全的社會主義之主張而努力提倡的，實在是馬克斯的力量，他所以成爲偉大之點，也就在此。特別是他和別人一樣主張剩餘價值說，而他所得的結論，却比別人不同——即在現代資本制度之中，業已潛伏着自行破滅的種子，一到成熟，就會脫胎而產出一個新社會來的，關於這一點，的確可以說是要比其他的社會主義高出一籌。他關於新社會怎樣產生的大意大抵如下：「要是勞動者的數目增加，受相當訓練，有充分的自覺，能够統一與結合之後，爲自衛的緣故而取統一的行動，那末，無產階級的革命，便會起來，同時資本的獨占發生……生產組織便都被少數資本家壟斷，於是生產手段的集中及勞動的社會化，便和資本主義的皮殼不相調和，到那時候，資本主義的皮殼，便會忽然崩壞的。

對於馬克斯的批評

以上所說的話，是馬克斯的剩餘價值說和唯物史觀的大意。自他的議論一出，於是一般學者們紛紛地非難，有的人以爲他的前提錯誤，因此結論也跟着錯誤的，有的人以爲他的斷定多不精確，有的人以爲他所引用的統計出於杜撰，也有人以爲他的文體曖昧欠頗明瞭，對於這位世上稀有的大思想家的議論，攻擊辯難的聲浪便隨着讚賞褒揚的詞兒「甚囂塵上」，於是資本論一書，便成了學者批評的中心了。關於馬克斯的價值論及唯物史觀的觀念，已經散見於前人的書中，固然不是他獨創的，然而將這些說法統一結合起來而加以整理，得以成爲有系統的理論，這實在是他的力量。他因爲想使他的議論確實的緣故，便採用許多統計及歷史材料，中間雖然有頗欠充分或不明瞭的地方，還是於他的大作之價值上毫無損失的。至於他們的剩餘價值，勞動價值的議論，不但只論理透徹；議論明晰，而且他敍述剩餘價值的事實，把勞動者所貢獻到生產上的很多而實際受取却是很少的事體，用最巧妙的方法描寫出來，使人們一看便知道工資和剩餘生產的關係，他的這種大手筆，眞是令人佩服不已。其他如資本增加的理法，資本移轉的說明，固然都不是前人未發的議論，然一經他的筆管寫來，分外生色、他的文體委婉曲折使人難以了解的地方固然不少，然而這正是他的議論過於深遠高尙的緣故，決不是因爲他的文筆拙劣論法錯誤之故而難解的。要而言之：馬克斯之偉大的科學之功績，決不在發見新說；想出新思想，是在他指示社會主義及社會運動的目的，在於生產手段生產資料之社會化，以及實行生產資料社會化的手段，在於階級鬥爭，社會主義是站在這兩個基礎上面的。他用最高的歷史哲學來說明這種理論，替歷來曖昧模棱無所適歸的社會主義開闢一個新大路而大放光明。關於物質是歷史進化的中心，無論是誰來說明，都沒有像他那樣透徹，關于社會組織與社會制度的形成，是物質的要素底力量，無論是誰來描寫，總不及他那樣巧妙，眞所謂「日月出而爝火無光」了。有一夥人將他的議論拿來枝枝節節去非難他，眞是不知道他的大處遠處高處深處而妄事批評呵！

（註一）蒲魯東是法國的無政府主義者，在他所著的「財產是甚麼」？（Quest-ce-que la propriete? 1840）一書中間，痛論財產所有者都是盜賊，因爲他們把別人勞力所產的東西，據爲己有，祇付少數工資於勞動者，掠奪勞動者的剩餘價值。

（註二）羅伯塔斯是德國的國家社會主義者，著有「今日的經濟情況」，（Zur Erkenntniss unserer staatswissenschaftlichen Zustande. 1842)「社會問題的先輝」(Zur Beleuchtung der Sociale Frage. 1875) 、「正當勞動時期」(Der Normal Arbeitstag. 1871) 諸書，在這些書中間說明勞動生產力，工資應得漸減，以及恐慌等等理論。

馬克斯的承繼者

馬克斯本來沒有甚麼門徒，只有一位朋友恩格爾（前面曾經說過），在馬克斯生時以金錢和英語的新聞論說幫助馬克斯的生活不少。殆馬克斯死後（一八八三），恩格爾把「資本論」第二卷及第三卷拿來替他出版，同時恩格爾關於人類學上，哲學上，政治學上，著得有多少議論，都是和馬克斯的議論不相上下。恩格爾是一八九五年死的，不過在他晚年的十年中間，關於社會主義的議論，是改良主義的，議會主義的，懷抱這個思想的他，對於他的直接精神上的門人，繼承的柯祖基（Karl Kautsky）以及德國社會民主黨的最大指導者柏柏爾（August Bebel）的感想化很大，所以有修正派的社會主義和德國社會民主黨出來，帶機會主義的色彩，都可以說是受他的暗示的。後來有列寧（Likolai Lenen）出來（他生於一八七〇年，死於一九二五年），完全繼承馬克斯的思想而創立所謂列寧主義出來，他的重要著作如「帝國主義論」，「唯物論與經驗批判論」，都是和馬克斯的議論相同。他說資本主義一到了最後階段，便成了投資，投貨，求原料的帝國主義，然帝國主義一發達到極點，資本主義就要滅亡，而資本主義的滅亡，同時就是帝國主義消滅。國內生產過剩，資本過多，原料不足，資本制度在國內已不能維持，不得不擴張商場，投資場以及原料供給地，所以帝國主義，乃是資本主義的避難所。同時帝國主義所征服的產業後進國，也都漸次同化，本來是投貨投資的客體，而變爲投貨投資的主體，本來是供給原料的地方，而變爲需要原料的地方。照這樣，舉世界各部分都資本主義化，帝國主義既無侵略的餘地，就是資本主義沒有避難的地帶了。這個時候就是資本主義告終的時候，也就是帝國主義消滅的時候。他的這種議論，確有獨到之處。

第四款　似是而非的社會主義

以上所說，是空想的社會主義和科學的社會主義歷史的大要，於此之外，還有幾派似是而非的社會主義，也不能不略微說一說，我在這裏先說國家社會主義。國家社會主義產生於德國，是羅伯塔斯首先發起的，這一派的主張是將生產手段集中於現在的國家，如畢斯麥克(Bismark)的國家社會主義，栗威滋（J. B. Schweizer）的國家社會主義，瓦格納（Herman Wagner）的國家社會主義，都是這樣主張的，他們既不要求產業之民主化，復不要求社會的民主主義，只希望將生產手段集中於現在的國家，只要以現在爲限，不管是官僚的國家也好，軍國的國家也好，階級的國家也好。從前剩餘價值是集中於資本家手裏而却代之以集中於國家手裏，勞動者的奴隸狀態，却沒有甚麼變化，國家社會主義，可以說是國家資本主義。

國家社會主義

修正派社會主義

修正派社會主義，是站在社會主義的立場，把馬克斯主義的根本敎義，大加删削。這一派的指導者，首先是柏柏爾，後來是柏爾史泰因（Bern-stein）。他們於對馬克斯的唯物史觀是持反對論調的，就是關於資本蓄積，資本集中，資本主義崩壞諸說，也不能够和馬克斯一致。他們所要求的，是「復歸於德康」！要而言之：這一派是從社會主義的內部去行社會主義的改革之運動，在思想方面，沒有甚麼獨到之處。

社會主義與無政府主義

有多少人雖然是把無政府主義和社會主義混同的，這是大錯而特錯了，這兩種主義，只有一點相同——即對於現在制度極不滿意，想極力破壞，除此之外，却是完全相反了。社會主義是想廢掉財產的私有和自由競爭而代之以強制的社會的生產，無政府主義則想造成容許個人自由活動之自然的任意的社會，社會主義是以國家（勞動者國家）爲實行其目的之最大條件，反是；無政府主義則以爲國家行使權力是干涉他人的自由獨立，自脅，而絕對要排除掉。然則無政府主義的理想怎樣？略微說一點如下：他們想造成任意之生產者協會，比如農業則有農業協會，工業則有工業協會，美術則有美術協會，此等博會互相聯盟，同時關於住宅，食料，衛生設備等等，也造成任意的消費協社，互相聯盟，生產協會的聯盟和消費協社的聯盟互相聯結，再造成一比較更大的聯盟，恰和現今行過的萬國郵政同盟一樣，推廣到全世界去，使世界民衆之經濟的，智能的，藝術的，道德的必要充足，他們這種說法，比起社會主義來，更缺乏實行之可能性。至於無政府主義之中，如克魯泡特金（Peter Kropotkin），巴枯寧（Bakunin），史梯納（Max Stirner）等是想用革命的手段，托爾斯泰（Tolstoy）是取無抵抗的和平政策，葛德文，蒲魯東等單在理論方面說明，所說固然各有不同，但是在大體上無政府主義所主義的，是大略如上所述，只是大同小異罷了。

社會主義與工團主義

工團主義（Syndicalisme）是對於工會用的一個名詞，現在却代表一個主義了。依工團主義的信念，以爲：勞動者解放，在現在的政府支配之下，到祇是沒有希望，要由工會的產業管理和工會的政府纔祇能够實現的。至於高唱階級鬥爭一點，固然是和馬克斯派社會主義一樣。但是社會主義是想由政治的手段達到他們的目的，反是：他們則想由總同盟罷工，怠工，抵制同盟等等直接行動，去開將來之活路，關於這一點，兩派是大不相同的。他們以爲，想由政治的活動之社會主義，是平庸，無味，軟弱，而變爲修正主義，改革主義，結果又成爲資本化的議會主義之社會主義，稱爲智識階級的指導者，會自然發生，這一夥人漸次和無產者少有接觸，勞動者的心理和希望，當然不能夠了解，因此，在勞動運動上是很危險的。解放無產者的唯一方法，主張只有純無產者結合攏來，憑其意志，活氣，革命精神，暴力來繼續爭鬥。因此工團主義，與其叫做社會主義，毋甯叫做無政府主義還妥當些，工團主義於一九〇八年右左在法國非常發達，對於法國勞動總同盟的影響很大。至於美國的勞動者所組織的，Industrial Work World ，其主義也和工團主義相彷彿。

社會主義與基爾特社會主義

基爾特社會主義（Guild Socialism），最近在英國頗爲發達，他的目的是在將中世紀晚年的基爾特之產業組織復活，想把社會主義的專制和工團主義的無政府主義，巧爲調和，是由拉斯金（John Ruskin），莫理斯（William Morris）開始提倡的。現今據柯爾（G. D. H. Cole）所主張的看來：眞正的民主制度會，一定要由代表各方面的團體而成，現在所有各種公共團體，如國會，地方議會等政治團體，是不能充分代表社會各方面之機能的。尤其是經濟的力量，應該先於政治的力量，在經濟的範圍以內沒有民主制，則在政治的範圍以內也不能够有民主制。因此想使產業民主制實現之故，先須造成涉及生產消費兩方面的基爾特，使基爾特的代表來管理產業。他們對於重要的公共事業和生產業移歸國有，固不反對，但是他們却不和其他社會主義者一樣相信單把產業收歸國有，便因此可以解決一切問題的。他們以爲國營市營事業的勞動條件，決不得比私人企業好些，因此要是行眞正的產業民主制的話，那末，一定要由下而上來組織產業。換一句話說：卽是他們主張勞動者選舉代表人去直接担任產業之指揮監督，一定要將這種管理產業的權能，交給勞動者的團體卽基爾特。基爾特社會主義，就是在英國也還沒有甚麼勢力。雖然是這樣，其所以最惹人注意的地方，便是在對於現代產業制度的弱點加以批評。再關於英國的法屛協會(Febian Sociaty)，也在這裏附帶說一說，屬於法屛協會的人士，是提倡將各種產業應該歸社會公有，同時關於勞動立法，租稅之改革，政治之改造等等，都發表極溫和的意見。因此之故，法屛協會雖然是在一八八九年才創立，會員不滿千人，然對於英國的社會運動和英國的政治，却有很大的影響。

第五節　歷史派

第一款　緒言

德國經濟學的發達

德國的經濟學，起首是從英法兩國輸入的，在過去六七十年之內大大的進步，歐戰以前關於經濟學的各部分，却已立於指導者的地位了。在法意兩國的經濟學者當中，雖然是否認德國經濟學在歐戰以前便已進步的，然而這不過是出於偏見，所以有此論調。其實德國各大學中間，是常把哲學，經濟，法律等等作爲研究的中心，對於普及學理，非常盡力，關於研究學問的方法，也示以模範，這是不可爭的事實。這固然是由於德國國裏一種幽微奧妙之想像力與夫刻苦精勵毫不挫折的忍耐力所致，但是德國國民能於極短歲月之間，以升天之勢，有此破天荒的大進步之原因，實不能不歸之於受官府學的影響。

官府

所謂官府學，是包含農業，森林，鑛山的整理與調查，以及經濟，行政

學

，法律，財政等等事項，凡屬想當德國政府官吏的人們，要是不專攻這些學科，那末，便不能夠錄用，猶之乎現在國民黨統治下的中國，凡不了解三民主義的人便不能夠做官一樣。溯自普魯士的福里得里克二世在赫雷渦德爾大學設立各科講座以來，於是各大學紛紛延聘專家，分擔講座，因此碩彥名流輩出，學問大大進步，尤其是歷史，哲學進步很猛，因此對於一般經濟思想的發展上有很大的影響。

歷史派的特徵

德國人生科學發達的狀況，大概是這樣的，歷史派的勃興，大概也是從這中間陶冶出來的。所謂歷史派，是排斥同一制度得以適用各國而不誤的世界主義（Cosmopolitanism），反對同一原理得以通行各時代而不悖的永久主義（Perpetualism），主張基於歷史上的事實；實際上的經驗來決定經濟上的原則底一個派別。像羅雪在他所著的「歷史的經濟學之研究方法」（Grundrisszur Vorksungen uber die Staatswirtschaft nach geschichtlicher Methode. 1843）的緒言上面所怎張的，關於歷史派的要點有四：「1」歷史的研究之目的，是在指示在經濟範圍以內所想像，所希望，所發見，以及努力達到這種任務的理由，「2」一國的人民，不單是現在個人的集團，因此不可單只觀察同時代的事實便已滿足，「3」我們應該從經濟上的見地把一切的人民拿來比較考究，尤其是一定要就古時業已大大發達的古代人民加以考量，「4」我們也不可賞揚或非難某經經濟制度，因爲在人類社會中間，能够適用於任何國民任何時代的有益制度，固屬完全沒有，就是適用於任何國民任何時代的有害制度，也是絕不看到的，所以經濟上的重要職分，便是在於考究在某時代是有益的合理的制度，何以到別一時代又成爲有害的不合理的」。歷史派的綱領，經他這樣一說，便可以充分明瞭了。

第二款　三大家

胥德布蘭（Brunoz Hiderand. 1812-78）

胥德布蘭的著作

關於歷史派的創立者，學者所說雖然有多少不同，但是普通一般總是推胥德布蘭，克利斯，羅雪三個人。胥德布蘭是耶納大學的教授，是耶納大學所創立的「經濟統計年鑑」之創立者。他不但只以命意深遠頭腦淸晰著名，並且他的文華也很雄健而流暢，毫沒有艱深晦澀的毛病，因此能够充分描寫他那豐富的思想；和指示歷史的研究方法的必要。特別應當注意的，便是他想改革經濟學的時候，不是輸入歷史法學派的方法是採用言語學來做經濟學的模型。他主張經濟是秩序的變化，和言語在歷史上是秩序的變化一樣，用近世言語學上的理論來應用之於經濟學上面。他只著過一冊書，題名「經濟學的現在及將來」（Die Nationaloekonomie der Gegenwart und Zukunft. 1848）並且只著過第一卷而止，他這冊書的目的，是在爲經濟學指示澈底的研究方法，使經濟學成研究爲國民的經濟發達的學問。

克利斯（Karl Knies. 1821-1898）

他是海台堡大學的教授，法律經濟上的知識，雖然非常淵博，很少人比得上他，但是因爲文筆晦澀的縣故，比起肯德布蘭來，是要差得很遠。他

克利斯的著作

的著作固然很多，以他所著的「從歷史的研究方法之見地而觀察經濟學」（Die Politische Oekonomie Von Standrunkte der Geschichtlichen Methode. 185

3）這一冊書頂有名。這冊書至少是在關於歷史的研究方法的著作中間頂有系統的，他在這冊書中間大抵說是：「無論在甚麼社會，社會之經濟的組織和關於經濟學之理論的觀念，都是歷史的發達之結果，和在其時代及其他一般的社會制度有聯絡不斷的關係，是同在一個時期一個地方一個事情之下均等發達而來的。所以決不能以為經濟組織無論在甚麼時代；都完全在一定的形狀之下而經過而進步的——卽在前時代的無論甚麼制度，決不能够以為絕對的不好而排斥他，現時的無論何種制度，也不能够以為絕對的完全而且當做是最後的東西而尊重他，只有把他當做永久之歷史的進化底一個狀態來觀察他好了。同時無論過去的甚麼經濟學說，不能够認為絕對的錯誤而排斥他，現在的無論何種學說，不能够絕對認為完全精闢而渴慕他，只是把他認為是指示任何眞理之開發的進路上的某階級底東西好了」。把歷史派的論旨，成為頗有系統的說明。

羅雪（Wilhelm Roscher. 1817-1894）

羅雪的

羅雪起首在格庭堅大學當教授，後來在萊布慈西大學當敎授，在他所著

著作

的「歷史的經濟學之研究方法」的緒言上面，表明歷史學派的眞理，把堅固確實的基礎放在該派的主張之上面。他主張經濟學應該設在歸納建法上面，實在充分表現頂大的手腕和無與比倫的學力，因此被人認為歷史派的泰斗而瞻仰他。他著的「經濟學全書」（System Der Volkswirtschaft）中間的第一卷「國民經濟原論」（Grundlagen Der Notionaloekonomie），自一八五四年出版以來到一八八三年止，竟重印到十六版，第二卷「農業經濟論」（National Oconomie der Ackerbaues）自一八六〇年刊行以來到一八八三年止竟出過十版，第三卷「商業經濟論」（National Okonomie des Handels und Gewerbflisses）到一八八三年止竟重印到四版，他在這著作上面將淵博廣大的知識應用於特殊之歷史的考究上，裨益於經濟學的發達，實在不少。又他的論文如「國民經濟學與古代文學的關係」，「英文經濟學的沿革」，「德國經濟學的沿革」都是頂有名的，在這些論文當中頂有值值的一篇——「德國經濟學的沿革」，是他費十五年鑽研磨勵的功夫而成的，供給許多新鮮有益的材料。再次：如「從歷史的見地觀察經濟學的狀況」，是討論各種有益的特別問題，他如「飢饉及救濟策」，「殖民政策」等等有系統的論文，關於各種經濟學的勃興及發達方面，均富於精細周到的觀察。要而言之：羅雪憑他深遠淵博之歷史的哲學的知識，將豐富的材料和要素供給到經濟學上，同時憑卓拔的眼光，把那些材料鎔合於自己的典型中間，於是建設獨立一派的基礎，他的這種功績，在經濟思想史上應該大書特書的。尤其是他從法律，歷史，哲等方面聚集攏來的材料巧爲利用經濟學範圍以內的手腕，在德國學派中間，眞可稱爲頭一個人。至其文筆的雄健暢達，論理的明晰透徹，而且委曲詳盡，無所不至，的確是可以認爲歷史派中的第一人呵。不過他的著作，不用歸納法，憑演繹法來獨斷的方地很多，所以他所熱心提倡的研究方法之痕跡，很難令人窺測的，

第三款　新進歷史派

歷史派後

德國的經濟學，自憑羅雪那一夥子的力量完全開闢一個新經路以後，學者輩出，如柏倫達樂（Brentano）栗謨納（Schmoller），栗夫勃（Sc

進人物 haeffle)，向比西（Schonberg），瓦格納，希爾德，(Held) 納塞，(Nasse)，都是這一派的代表者，殆他們起來開拓，於是在經濟學的研究方面開一新生面。至於這一派人的特色有三：我把他說明於下。

論理的要素

第一，想在經濟學的研究中間加多倫理的要素，這是栗謨納在他所著的「法律經濟原理」中間熱心主張的，又粟夫勒在他所著的「社會主義經濟論」中間會經竭力說過。據這派的學者的信念：「在實際的社會內面，常常有三個不同的活動方式和範圍——(一)私的經濟，「二」强制的公共經濟，「三」慈善的經濟。在私的經濟方面，專由個人的利益所支配，在强制的公共經濟方面，是專以社會之一般的利益爲主，在慈善的經濟方面，是以慈善的神精爲要素，雖然這樣，但是利己的作用，就是在私的經濟方面也好，决不能够無限制地擴張的。爲甚麼？因爲國家干涉，假設不能到私人經濟之範圍，而社會之經濟的道德力量，到某點爲止，還是不可以防止或限制私人之利己的行動。這種經濟的道德力量，在論理方面也好，是和在實際經濟方面相同，不可以置之度外的。在强制的公共經濟方面，受公共的道德力量的拘束，越發顯著，至於慈善經濟方面，是完全爲道德力所支配，決不待言。所以研究經濟學，不能把論理的元素置之度外。

重視經濟學與法律學的關係

第二，便是重視經濟學和法律學的關係，關於這一點，瓦格納在他所著的「經濟學」第一卷上面，有最精密的議論。據他說：「重農學派所提倡的經濟學說的基礎——天然法說，現今業已完全失掉信用，他們把個人自由和財產當做天賦權利的謬記，也同時被人打破了。個人之經濟位置，不是單能由天賦權利或天賦力量所左右，是受歷史產物的當代法律制度之影響的。所以在用歷史的方法考究經濟學的時候，要是不着眼到和法律之密切關係，那末，決不能夠完滿解決的。」

對於國家要求

第三，關於國家職權的見解，是完全和亞丹斯密派所取的不同。亞丹斯密這一派的學者，普通都是遵守盧梭和康德的敎訓，以爲國家的

「積極的行動」職務是在保護社會各員不使罹於詐欺暴行而已，德國的歷史派則不然，對於國家單只消極的保護安寧秩序，還不滿足，且更進一步主張凡屬由個人努力所不能夠完全成功的一切事務，國家須當積極的來保護指導——即「單憑國家的權力能達到目的的事業，固不消說，凡屬社會的事業，由國家權力得以有効成就的，都應當是國家應做的任務」。至於政府得以適當干涉的事業，是應當於該國國民發達的程度和事業的性質來決定的。

歷史派與社會主義

再在這裏還說一說的，便是社會主義和歷史派的關係。如聖西門，傅里葉，蒲魯東，馬克斯，思格爾，羅伯塔斯等人的議論，對於德國新進歷史派的思想上予以很大的感化和刺擊，這是毫無容疑的事實。比方瓦格納，粟夫勒等人所說：「個人之經濟上的地位，是憑着現代的法律制度尤其是財產制度」，是起首由社會黨所主張的，從這樣看來，他們的思想是受社會主義的感化，越發明瞭了。

歷史派與社會政策

其次應當注意的，便是德國新進歷史派關於國家政策所取的態度，屬於這一派的學者之一部分，關於一國的經濟政策，是站立在自由貿易論者（個人主義）和社會民主黨（社會主義）的中間。他們不和個人主義一樣，以為國家的職務，便是在公共秩序的維持和個人之自由安寧的保護，也不是和社會主義一樣，使國家經營一切事業，都是主張凡屬個人所絕對不能夠做以及由國家做比較私人做為得策的事業，應當使國家經營。他們和個人主義自由主義不同的地方，便是在保護社會的弱者，維持社會的平均，和社會主義有些相彷彿的地方，便是在把社會的利益放在個人的前面，使私益服從公益。但是他們却又主張維持現在社會，緩和階級爭鬥，主張勞資協調，在的社會有益的事體，主張政府有干涉之必要，關於這一點，却又和想從根本上來推翻現凡屬社會制度之社會主義，完全不同。

社會政策主張

提倡社會政策的學者分兩派：一派是主張單由國家的力量去解決社會問題，栗謨納和瓦格納們，就是屬於這一派，反是；又有一夥學者

的歧紛

，主張務必排斥國家的干涉，而由勞動者的團結主義而生的團結力量解決的，柏倫達樂便是這一派的代表，兩派爭論紛紛不決，於是盛極一時的「講壇社，便彼此分裂了。

第四款　對於歷史派的批評

歷史派的影響

把歷史方法當做研究經濟學的重大要素，這差不多是無論何人都不能夠否認的，不過自十九世紀後半期以後，普通一般有把這種必要過於重視的傾向，並且有多少學者，完全想排斥正統學派，對於正統學派所認定經濟上的原則是普遍的，永久的，絕對的，極力反對，想建設一個新學派，主張為經濟上的原則是相對的，變化的，特殊的，是由於時與地及文化程度的不同而隨時變易的。德國方面自羅雪公布歷史派的新綱領以後，肯德布蘭附和於先，克利斯繼承於後，歷史派的基礎，於以鞏固。更有粟謨納，粟夫勒那一夥子繼續努力，在法國方面則有拉衛烈 (Lavelye)等人祖述其學說，在英國方面則有克里夫，勒斯利(T. E. Cliffe Leslie)承繼其衣鉢，在匈牙利，荷蘭、意大利，美國等國，也有人流傳其餘韻，於是歷史派的思想，好像是萬馬奔騰的勢子傳偏於歐美了。

歷史派的錯誤

據韓納（Lewis H. Heney）在他著的「經濟思想史」上面轉述英國著名某經濟學者論列歷史派共同的傾或如下：「現今歷史派的傾向，英國著名的經濟學者曾有所論列，略述如下？「1」，對於一般原理或理論不很注重，特注重歷史研究。「2」對於價值論的注意，比較輕微，尤其不注意主觀現象，「3」常引用人類學觀念及歷史哲學觀念以限制個人主義及自利原理」。再把歷史學派所說的話一齊綜合攏來看，他們的意見，大抵不外乎下列幾句話——「經濟者的任務，便是在記述經濟的進化不同的時期之特徵，設定對於各國民適當政策的綱領」。我們根據上面的話，對於歷史派只少可以發見下列的幾個缺點：「1」把學問的眞理和技術的規則混同，學問眞理是普遍的，絕對的，技術的規則，則因爲適用於實際地方，所以得以臨機應變隨時變動。我們所住的世界，固然是時常變化不已的，但是在這中間自然有一定不變的要素不可輕輕看過。只是以為社會是在各時代及各種狀況之下，無意義不規則變更的，如果這樣的話，那末，社會科學完便失掉其存在之基礎了。「2」經濟學的任務，是在闡明眞理，至於記述的和應用的材料，是用以闡明眞理的，歷史派却單只把經濟學當做記述的應用的決算報告，卽已了事，未免忽略經濟學學字的意義。況且關於價值部分，是經濟學重要部分之一，他們也把他輕輕看過，不能不說是絕大錯誤。「3」歷史派徒基於過去事實的不完全知識便想形成現在的立法，不但促進步很少，就是經濟學上除了於在經濟的制度之認識的比較以外，無論甚麼東西，都不能夠建設了。

歷史派的價值

歷史派雖然有這點缺點，但是對於經濟學還是有很大的貢獻。歷史派一方面對於用抽象的理論來適用於一般時地的理想派或理論派加以匡正，固是有力，同時他方面對於彷徨於經濟的調和之迷夢中間，把社會的弊端看輕，就是輕微的國家干涉；倘且以為違反自由放任原則而反對的樂天派，使之覺醒，也有很顯著的效力。加以他們憑豐富的知識將經濟的進化之繼續的各時代特徵，拿來比較研究，裨益於經濟學上的開發，實在不少。又經濟觀衆之歷史發達的法則，相信他們在實際上是和性理的法則決不一致，因此他們以爲唯一正當的研究目的，在實際上是兩個，不止一個。至於我們對於這一派所感謝的，便是他們關於經濟學上所賜予的材料，非常豐富，可以做將來闡明眞理的原動力呵！

第六節　奧特利學派

自十九世紀中葉以來，想藉歷史和社會學的助力來改造經濟的歷史派，

楔子

在德語國民中間有絕大的勢力，前面已經說過。到一八七〇年以後，門嘉，威索耳，鮑威克那一夥子學者起來和歷史派對抗，竟一時有凌駕歷史派而上之勢子。本來歷史派以及其他學派和正統學派相反的地方，是經濟學的範圍和所用的研究方法，反是；奧大利學派，承認正統學派的研究方法，對於正統學派的某種論理——特別是價值論，則極端相反。實在奧大利學派在經濟學上頂大的貢獻，便是價值之限界效用說，這一派人對於這種理論的解說，特別努力，同時充分表現他們的大技能。限界效用說，固然老早由

文季斯和哥遜那一輩子倡導過，然季文斯他們說明限界效用的時候，是多半兩用數學的公式，反是；奧大利的學者，解說限界效用，則多半參加心理的要絡在內，這是一大不相同的地方。

正統學派和奧大利利學派

正統學派和奧大利學派特別不同之點有三：第一，卽在主觀的價值。本來正統學派經濟學，是澈底的個人主義，他們是把個人的利己心當做引導一切經濟行爲之唯一動機的，雖然這樣，但是他們討論經濟學的時候，則又完全離開個人經濟，單只研究國民經濟——卽他們討論價值問題的時候，將個人之使用價值卽主觀價值的問題，置諸度外，只以討論交換價值爲事，便已够了。但是在國民經濟方面，交換價值是依着使用價值的，離開便用價值便不能够了解交換價值，這是很明白的道理。門嘉這一夥子關於這種經濟事實，則溯及個人的根本而進一步來研究，的確可以說是在經濟學上放一大光明。第二，正統學派是以個人自由爲基礎的經濟組織做目的，反是；威索耳這一夥子則國民經濟之下，以個人是應當服從社會力量的，同時關於國家保護和限制個人自由，則承認有這種必要。第三，正統學派側重供給和供給的狀態，歸根結局，決定貨貨財之價值的是在生產費，至於說明價值的標準，則求之於勞動的堅忍和犧牲，反是；奧大利學派則主張效用卽人由財貨之消費而感受的愉快和滿足，是價值之歸根結局的原因，而且便是標準。正統學派側重供給，而他們則側重需要，而且推論生產費不是決定物之價值的，價值是決定物之生產費的。因此據奧大利學派的見解，便是：資本不是給予生產物之價值的，不過從其所生產的物品之中而受取其價値而已。從來成爲經濟學議論中心的資本家地位，於是爲消費者所占有了。

歷史派和奧大利學派

次則和歷史派有甚麼不同？說來：歷史派是高唱經濟生活之歷史的進化和經濟的事實之過細研究的必要，奧大利學派在解剖經濟的時候，則力說演繹法的必要。關於這一點，門嘉曾於一八八三年出過一冊書叫做「社會科學特別是經濟學的研究方法」，對於德國歷史派的研究法加以攻擊，柏林大學的敎授栗謨納則在「德國法律行政經濟年鑑」內面反駁他，雖然在學界方面無端惹起大論戰來，但是在現今，一般學者關於兩方的研究方法，是「從心所欲」任意採用那一種的，關於研究方法的議論，便成過去的問題了。

奧大利學派的價值

奧大利學派的學說，一時固然給世界的學界方面一個很大反響，尤其是在美國的學界大有勢力。但是他們所巧爲解說的價值之限界效用，需要，消費者，就是現在對於價值之決定上面，一般人還是以爲他們所主張的絕大力量。前面曾經過說，奧大利學派在價值論方面曾推陳出新，對於正統學派的價值論，大加修訂，這種功績，固然是不可埋沒的。但是他們把消費者及於價值和市價的影響，過於重視，而且他們解說價值論的時候，往往把基礎誤放在心理的觀念上面，這不能不說是他們的缺點。

門嘉的生

門嘉（Karl Menger. 1840-1921）

門嘉是奧大利學派的創立的，維也納的大學教授，奧國前皇太子的師傅，以前曾游歷英法瑞等國數年，歸國以後，在大學當教授，後爲貴族院終

〜涯和著作〜身議員，一九〇三年，辭去教授。他是對於限界效用說和貨幣量說，主張頂熱心的一個人，奧國採用金本位制，大半都是他的力量。他的重要著作如左：

「國民經濟原論」Grundsatze der Volkswirtschaftlehre. 1871

「社會科學方法的研究」Untersuchungen uber die Methode der Sozialwissenschaft.1883

（註——在這部書中間，關於經濟學的性質及各種部分，討論的很精細，對於德國歷正史，也加以批評）

「達於金本位的過渡」Die Ubergang zur Goldwahrung. 1892

「資本論」Zur Theori des Kaepitals. 1888

「政治經濟學分類大綱」Grundyuge einer Klassifikation der Wirthschaftswissen-chaften. 1889

「奧國的貨幣本位問題」Beitrage Zur Wahrungsfrage in Oesterreich- Ungarn

1892 威索耳（Friedrich von Wesser）

威索耳的著作

自門嘉的經濟原論出版以後，整整裏十年，普通一般對於他的理論，沒有承認，歷史學派在社會上仍然有相當勢力。到一八八三年門嘉把對於歷史派的批評公布以後，才祇有人起來將限界效用說加以擴充，最重要的一個人，更是威索耳。威索耳於一八八三年及一八八四年著了兩册書，一册叫做「經濟價值的起原及原理」（Ursprung und Haupt-Gesetze des Wirthschaftlichen Werthes），一册叫做「自然的價值」（Der Naturliche Werth），他在這兩册書上的主要貢獻，便是把費用財及補足財的評價以及此等學說應用到富之分配的說明上面。他說明決定經濟價值的原則有七：「1」使物能生產有用的效果，（沒有關係的東西或有害的東西不在此內）；「2」使物的供給不和其使用相等；「3」便人用經濟方法處理便增其效用，用非經濟方法處理減其效用；「4」使完處成以上客觀設想的主觀設想都皆協調；「5」使物的存在，物的效用，及物的外界情形都可以看得到；「6」使物不單只有顯明的需要，而且有可想的滿足欲望的能力；「7」使物可以實施其經濟行爲，而且能夠免除非經濟行爲的引誘；財貨在這時候，便已具有經濟價值了。威索耳本是從門嘉的理論出發，却是有多少地方把他加以修正，比如門嘉說生產要素的價值是由生產報酬的一部分來決定的，要使失掉一分生產要素的話，那末；必然失掉一部分生產報酬。威索耳則說此項財貨價值必以生產要素的生產貢獻做依據，這是他們兩人不同的地方。

鮑威克（Eugen von Bohm Bawerk）

鮑威克的著作

把門嘉的學說開發補充而與以鞏固的基礎和學問的價值的，便是鮑威克和威索耳兩個人。威索耳的著作曾經在前面說過，現在單說鮑威克。鮑威克在奧國曾經做過財政部長三次，對於奧國改革租稅的事體，盡力很多，其他曾經當過維也納及印斯堡大學的教授，貢獻於學界方面的也很不少。他曾經著過幾冊書，一冊叫做「資本利息論的歷史及批評」（Geschichte und Kritik der Kapitalzins

Theorie. 1884），一冊叫做「經濟的財貨價值論綱要」（Grundzüge der Theorie des Wirtschaftlichen Guterwerths），一冊叫做「經濟學及統計學年鑑」（Jahrbucher fur Nationalokonomie und Statistik. 1886），一冊叫做「實證資本論」（Positive Theorie der kapitales. 1888），在這些著作上面，把門嘉所包含在「原論」中間的學說，在實質上附加多少。他不但只因爲他具有獨立思想而知名，並且因爲「說理明白」及「推敲詳盡」而知名。他的出色處，便是在竭力分析主觀價值和客觀價值的區別，他最有名的貢獻，還是在討論客觀價值或購買力一點。在奧大利學派中間能够調和主觀價值和客觀的關係，而且能把客觀交換價值主觀交換價值的說法，完全闡明，當然算他是首屈一指的人物。

奧大利學派的繼承者

奧大利學派除了他們三個人以外，像沙克斯（Emil Sax）曾經著通「理論的國家經濟原論」（Grundlegung der theoretischen Staatswirtschaft. 1887），梅因（Robert Meyer）曾經著過「公平租稅的原理」（Principine der gerechten Besteuerung. 1884），「破產論」，（Da s Wesen der Einkommens. 1887）蘭哈德（Launhardt）曾經著過「經濟思想中數學方法的建立」（Mathematische Begrundung der Volkswirtschaftslehre. 1885），菲立波維（Philipovich）曾經等過「政治經濟學的問題和方法」（Aufgabe und Methode-der Politischen Oekonomie. 1886），「政治經濟學大綱」（Grundriss der Politischen Oekonomie. 1889），楚克爾韓（Zuckerhande）曾經著過「價值論」（Theorie des preises. 1887），這一夥人都是繼起奧大利學派的名家，他的的著作，都具有獨立思想。在外國方面，如意大利學者柯沙（E. Cossa），法國學者卜洛克（Block），美國的學者巴登（Patten），克拉克（Clark），費特爾（Fetter），都是受奧大利學派的影響，或者是和奧大利學派表同情的人。荷蘭經濟學家皮爾生（Pierson）他多少是祖述奧大利學派思想的人。

本章參考書如下：

高橋城一郎　經濟學史研究第七章以下

道家齊一郎：新經濟學第三章

河上肇：資本主義經濟學之史的發展由第章到第五章

福田德三：經濟學研究第六篇，續，第一篇

福田德三：國民經濟講話第十八章，二十一章，二十三章，三十一章

小川市太郎：新稿經濟學史第四章

室伏高信：社會主義批判全卷

慶應義塾編：經濟思潮講演集全卷

John K. Ingram.. History of Economics.第四，五，六，七章

Lwie H. Has ney ..His tory of Economie Thought. 第九章以下

Werner Sombart..Sozialsmus und Bewegung.第1篇

Ely..French and German Socialism全卷

M. Beer .. Allgemeinie Geschichte des Sozialismus und Sozialen Kampfe. (1

022-1023.)第四章，第七章，第八章，第五章，第四章

第六章　結論

思想是時代的產兒

美國當代的大哲學家杜威博士（Dr. John Dewey）說得好：思想的發生，大概都是時代的產兒，受當時改治經濟情形之反響很多的」。我們現在這要把各人各派的經濟思想和各人當時的經濟史實對照以後，便越發覺得他這幾句話，的確是「動中旨綮」呵，大概每種經濟思想，總都是制度的寫眞或反動，由制度產出思想，復由思想造成新制度，再由思想產出新思想，更由新思想造成新制度，斷沒有一種思想是「無病呻吟」，或是沒頭沒尾從天空中掉下來的。當希臘羅馬時代，一則崇尚道德，一則歡喜武功，一般人都沒有把經濟生活放在眼裏，於是有柏拉圖，亞里斯多德，謝雪盧，蒲介尼，孫里嘉那一夥人出來，或則主張分工，或則提倡農業，因為富豪政治和平民政治相爭，於是有共產主義出現，因為社會生產事業全靠奴隸去做，於是有擁護奴隸制度的主張，因為占有掠奪之風已成習尙，於是私有財產及契約的議論發生，都是「

有所爲而云然」的。到了中世，宗教的權威很大，政治學術等等，都爲宗教的空氣所籠罩，所以當時的經濟思想，除了認定資本不能產生資本；放賬取息是極不正當的事體以外，別沒有甚麼新義。自商業革命以後，閉關自守的風氣一變而爲四海交通的現象，於是各國的民衆，紛紛遠渡重洋，和外國人通商貿易，撈多少金銀囘來，重商主義及應運而生。一般篤信重商主義的學者，認定富和貨幣是一樣，主張本國和外國交易的時候，是一定要吸收最多金額的銀於本國的，各國國民輸出本國的製造品一定要多，同時輸入外國品一定要少，在這當中所生的差額，就是貿易的差額，是一定要努力輸入金銀的。政府爲想要得有利益的差額，對於外國品的輸入，就要取禁止或限制的手段，課他以重稅。又爲獎勵內國品輸出之故，就須給予保護金。自有了這種說法，於是各國的實際政治，也把重商政策當做富國的不二法門。不過這種政策過於干涉，和酷愛自由的英法等國國民的性情，不大相合，加以重視工商業的結果，農業因此衰頽，農民生活，困苦已極，而自由主義個人主義的思想，又復「盛極一時」，於是重農主義的經濟思想，乃乘時崛起。重農學派本是對於重商主義的一種反動，他們看到當時的農民情形——尤其是法國的農民情形，都替他們憤憤不平。於是高倡農業是生產的；能够產生剩餘，其餘都不是生產的；都不能够產生剩餘，政府對於產業方面，應當採自由放任主義，政府需要經費，只有征收土地單一稅爲最便利，他們的這種說法，都是本著當時的情形而說的。在這時期，資本主義，已具雛形，商人資本，業已逐漸侵入生產界，家內工業，已應時而興，於是後來有亞丹斯密出來，著「原富」一書，說明分工的理論，向時認定農工商都是生產的，勞力的生產一切財富的源泉，自由放任是致富的唯一途逕。自他的這種學說出來，各國的學者「靡然從風」，正統學派的聲名，遂揚溢四海，後來自產業革命以後，英國適逢遇着第一次大恐慌，工人失業的很多，於是有馬爾薩斯的人口論出來，因爲英國的地主跋扈，於是有李嘉圖的地租論出來，因爲勞資兩方糾紛不已，於是有塞利耳那一夥人的工資基金說出來。自有了他們這些人的議論，於是資本家在產業界充分表現「專横睢恣」的手段，任意併吞小企業，任意壓迫勞動者，社會主義，於是發生。有了社會主義的學說以後，一般勞動者得着理論的根據和一般人的同情，於是勞資兩方的階級鬥爭，越發顯著，顯發厲害，便又有歷史派及奧大利學派的調和論出來，主張生產雖然多虧勞力，但是資本的蓄積，多由於儲蓄、而且資本在生產方面，也是必要不可缺的，只有維持現狀，改善勞動者的生活，增加勞動者的工資一法，然後階級鬭爭，纔祇可以避免，生產也一天一天逐漸地旺盛起來。這樣看來：自古迄今的經濟思想，都是應着時勢的需要而產生，決不是憑空着想，是毫無疑義了。

經濟思想的薪傳

再還有一點，我們讀一部經濟思想史，關於某一人某一派的經濟思想，在表面上看來，固然是「形形色色」「極五花八門之妙」，其實關於根本思想，自古迄今都是相續不斷的，不過各人所處的環境不同，因此說法不同罷了。比如自然的自由主義，實發端於希臘哲學，成熟於羅馬法，昌明於經院學派，最後竟成重農學派及正統學派經濟理論的重根據。他如桂勒的經濟表，是取法於柏拉圖的法律論。亞丹斯密的勞動價值說，至少有一部是得之於休謨，而休謨則又得之於哈其生，哈其生得之於謝雪盧，謝雪盧則得之於希臘學者。勞動是生產一切財富的源泉之觀念，古來就有，重商主義也曾經說過，亞丹斯密和李嘉圖也有這種觀念，社會主義者竟然把這個觀念當做他們的思想之主幹。德國的經濟學，是間接得之於羅馬法，所以傾向實際，側重法律，與國的經濟學，是直接得之於正統派，所以注重演繹。傾向值價，這樣看來：自古迄今，無論論的經濟思想，都是亞相關聯，決不是「毫無所本」，這是誰也不能夠否認的。

經濟思想的現在及將來

某一個人或某一派的經濟思想，是本着時代背景而產生的，已經在前面說過了。現在經濟思想怎樣？先要問現在的經濟狀況怎樣？現在各產業先進國的經濟狀況，比起以前來，差不多是別有天地。只就最重要的兩件事說：以前各產業先進國的國內感覺現金不足，現在却是感覺餘資太多，以前是自由競爭，現在却代之以合同獨占，從前在經濟思想上面佔重要地位的——所謂個人主義；所謂自由主義，所請保護主義，似乎都不能夠應時代的需要。所以現代的經濟思想，除了美國的伊利（Ely），塞利曼（Seligman）那一夥人發表發自由主義，英國的馬雪耳（Marshall）發抒收獲漸增的法則，法國的學者李特（Gide）提倡協作主義，以及德國的學者主張社會政策，奧國的學者發抒限界效用以外，其餘都很少有人發明新義，大抵因爲時代關係，大家正在那裏「沉思冥想」罷——據我的觀察，在最近的將來，必定有多少人本着科學的見地和客觀的態度，來發揮一嶄新的經濟學理，將從前屬於陳腐的經濟學說，一掃而空，以適應新時代的需要呵！

本章參攷書如下：

福田德三：國民經濟講話第十八章，第二十一章，第二十三章，第三十一章
河上肇：資本主義經濟學之史的發展由第一章到第五章
John K. Ingram: History of Economics第八章
Lewis H. Haney: History of Economic Thought第三十四章

敬啟

「民國專題史」叢書，乃民國時期出版的著名學者、專家在某一專題領域的學術成果。所收圖書絕大部分著作權已進入公有領域，但仍有極少圖書著作權還在保護期內，需按相關要求支付著作權人或繼承人報酬。因未能全部聯系到相關著作權人，請見到此説明者及時與河南人民出版社聯系。

聯系人 楊光
聯系電話 0371-65788063